繁荣来自竞争

消除行政性垄断——中国市场化改革的关键

李大雨　著

中国财经出版传媒集团

经济科学出版社

Economic Science Press

图书在版编目（CIP）数据

繁荣来自竞争：消除行政性垄断：中国市场化改革的关键/李大雨著．—北京：经济科学出版社，2018.6
ISBN 978-7-5141-9422-7

Ⅰ.①繁… Ⅱ.①李… Ⅲ.①经济体制改革-研究-中国 Ⅳ.①F121

中国版本图书馆 CIP 数据核字（2018）第 126027 号

责任编辑：于海汛 段小青
责任校对：王苗苗
责任印制：李 鹏

繁荣来自竞争

消除行政性垄断——中国市场化改革的关键

李大雨 著

经济科学出版社出版、发行 新华书店经销
社址：北京市海淀区阜成路甲 28 号 邮编：100142
总编部电话：010-88191217 发行部电话：010-88191522
网址：www.esp.com.cn
电子邮件：esp@esp.com.cn
天猫网店：经济科学出版社旗舰店
网址：http://jjkxcbs.tmall.com
北京季蜂印刷有限公司印装
710×1000 16 开 12.5 印张 140000 字
2018 年 8 月第 1 版 2018 年 8 月第 1 次印刷
ISBN 978-7-5141-9422-7 定价：45.00 元
(图书出现印装问题，本社负责调换．电话：010-88191510)
（版权所有 侵权必究 举报电话：010-88191586
电子邮箱：dbts@esp.com.cn）

摘　　要
（代前言）

　　使中国走上繁荣发展之路，是每个中国人的心愿，也是经济学专业的人致力于实现的目标。

　　改革开放以来，我国建设事业取得了辉煌成就，国民经济快速增长，人民生活显著提高，更为重要的是，人们的思想观念发生了深刻变革，社会日益开放包容，取得了真正的社会文明进步。经济生活中还存在着一些需要解决的问题，结构性矛盾突出，经济质量不高，下行压力较大。对此，人们提出了许多措施和建议，如调整经济结构、加快科技进步等。但是，倘若我们再问一句，为什么我国经济结构反复出现不合理、科技进步需要人为推动呢？事实上，速度、结构、效益只是经济表象，其背后折射出的是深层次矛盾尚未完全解决。

　　制度是决定发展的最根本因素。产业革命不只是技术的革命，更是制度革命。它破除了不适合社会化大生产发展的旧制度，为生产力的发展扫除了制度上的障碍；它建立了与现代经济相适应的崭新的竞争制度，为社会经济的发展创造了广阔的制度空间，提供了坚实的制度保证。中国1978年以来的改革开放、日本的"明治维新"，都是制度变革而不是技术变革，由于扫除了社会生产发展的制度障碍，科技和经济取得了突飞猛进的发展。

什么制度能为现代生产提供广阔的发展空间？是市场经济制度，更重要的，是健全、规范、完善的市场经济制度，而竞争正是市场经济的灵魂，是社会活力与发展动力的源泉。艾哈德说："竞争是获致繁荣和保证繁荣最有效的手段"，① 毛泽东说："百家争鸣、百花齐放的方针，是促进艺术发展和科学进步的方针，是促进我国的社会主义文化繁荣的方针"，② 都指出了竞争和繁荣之间具有密不可分的因果联系。我们要发展哪个行业、繁荣哪项事业，绝不能仅靠向它增加政府投资，更不能把它封闭式地"保护"起来，恰恰相反，要繁荣哪里，就要开放哪里，使它充满竞争。

当前，我国的市场经济体制还不完善，旧体制人为封闭分割市场、限制竞争的行政性垄断是制约中国经济发展的最重要矛盾。本书旨在分析产生行政性垄断的条件与原因；研究行政性垄断对宏观经济的系统性影响及其传导机制；提出消除行政性垄断、推进市场化改革的现实可行方案。

本书中运用了马克思的理论和研究方法，也运用了亚当·斯密、凯恩斯、布坎南的理论；使用了现代计量经济学方法，也受到了中国古代哲学思想的启发。通过规范分析与实证分析、逻辑演绎与历史考察，得出以下结论：

1. 行政性垄断是人为干预要素流动和配置、阻碍竞争、造成市场主体机会不均等的行为，其本质是超经济性和歧视性，

---

① 路德维希·艾哈德：《来自竞争的繁荣》，商务印书馆1983年版，第15页。
② 毛泽东：《关于正确处理人民内部矛盾的问题》，引自《毛泽东选集》第五卷，人民出版社1977年版，第388页。

具有明显的反市场性质。

2. 国内外行政性垄断的历史启示。

从国外情况看：围绕行政性垄断的斗争，核心是利益共享还是利益独占问题。行政性垄断不仅是经济体制转轨过程的产物，而且是市场发育起始阶段的产物，还是市场空间拓展过程中的产物。自由竞争文化的确立，是清除行政性垄断的治本良方。联邦或中央政府拥有高于地方的经济管理权，是治理区域行政性垄断的坚实保障。国家集中配置资源方式，可以受益一时却不能收效长久。转轨国家制定专门的反行政性垄断法规十分必要。

从我国情况看：从洋务运动历史可以看到，行政性垄断短期上增加了国库收入，却无法实现祖国繁荣的梦想，是南辕北辙的政策。从民国历史可以看到，行政性垄断无助于控制贫富差距，反而形成了新的分配不公——行政性垄断集团与广大人民群众的利益对立。计划经济体制包含着行政性垄断的因素但不是行政性垄断。改革开放以来的行政性垄断是中国渐进性改革的产物，改革的不同步性造成了行政性垄断。我国行政性垄断具有很强的历史传承。

3. 我国目前的行政性垄断是由认识原因、历史原因、现实体制原因等共同造成的，且具有深刻的文化渊源。

4. 行政性垄断对宏观经济具有重大的系统性影响。尽管行政性垄断在我国改革开放初期曾发挥了重要历史作用，维护经济秩序和社会稳定，减轻了转轨风险，缓解了财政压力，实现了改革开放的破冰起航，但目前已成为进一步发展的重大障碍，也无益于国家的安全稳定，无法实现政策初衷。行政性垄断作为一项扭曲的基础制度，把我国经济体制维持在"半市场化"状态，使市场不能在国民经济中发挥完整的作用，进而通过在经济系统中传导，造成了资源的扭曲配置和宏观经济的扭曲运行，表现为经济总量损失、经济结构失衡、产业结构高级化困难、经济质量不高等一系列经济现象。它是我国当前诸多矛盾的体制根源。消除行政性垄断，有利于解决我国经济中的深层次矛盾，使经济运行进入良性轨道，并将为我国再赢得10年的宝贵高速增长期。

5. 消除行政性垄断，要立足现实，两手抓、两手硬，建立效率与安全并重的规范健康市场经济制度。改革路径应是：深化体制改革以消除行政性垄断基础，同步构建安全体系以防范化解风险，最后全面开放市场。这将完成中国市场化改革。

6. 一个社会中基础制度的规范性尤为重要，要避免以扭曲治理扭曲的情况。化繁为简，是解决问题行之有效的方法。

繁荣与竞争之间具有密不可分的必然联系，繁荣来自竞争。我们必须坚定不移地推进改革开放向前发展，坚决破除旧体制中封闭、垄断的思维和行为对生产发展的阻碍，建立起以统一、开放、竞争、安全为特征的崭新体制，才能完成历史赋予我们的中国经济转型重任，为中华民族的繁荣复兴打下坚实的制度基础。

ABSTRACT
(PREFACE)

To see the nation become more prosperous and developed is the wish of every Chinese people, and it is also a goal that people of economics are committed to achieve.

Since the reform and opening-up policy, China has seen significant progress. Along with the rapid growth of the national economy, people's living standards have been remarkably improved. And more importantly, people's ideology has profoundly changed, and the society is now becoming increasingly open, tolerant and more civilized. However, there are still some defects existing in the economy including structural problems, low level of quality and downside trend of growth rate. In this regard, many suggestive measures have been proposed, such as adjusting economic structure, accelerating scientific and technological improvement, etc. However, a further issue is that, in China, why the unreasonable economic structure has become the 'chronic disease' for a long term, and why scientific and technological improvement and economic quality need to be promoted by human factors? As a matter of fact, speed, structure and effectiveness are only economic appearance, and what being refracted is the incompletely resolved in-depth institutional contradictions.

System is the most fundamental factor that determines development. The industrial revolution is not only technological revolution but also institutional revolution. It broke away the old system which was not suitable for the development of social mass production and removed the institutional obstacles for the development of productive forces; it has set up a new competition system which is in line with the modern economy, and has created a vast institutional space for the development of social economy and provided a solid institutional guarantee. China's reform and opening-up since 1978 and Japan's Meiji restoration are both institutional changes rather than technological changes. As a result of removing the institutional obstacles to the development of social production, they have made rapid progress in science and technology and economy.

What system can provide extensive development space for modern production? It is market economy system, and more importantly, a sound, standardized and perfect market economy system. Competition is the soul of market economy; competition is the source of social vitality and development. There is an inextricable causal relationship between competition and prosperity. If we want to develop an industry and prosper a cause, we may not increase investment to it only, nor should we 'protect' it in a closed form, on the contrary, we should open it up to competition.

The market economy system in China is still imperfect. The administrative monopoly of the old system, featured by intentional market closure and segmentation, restricting competition, is the most significant issue that constrains the economic development of China. This book aims to analyze the conditions and causes of administrative monopoly, study the systematic influence of administrative monopoly on macro-economy and its transmission mechanism, and propose a practical and feasible plan to eliminate administrative monopoly and promote market-oriented reform.

In this book, not only the theory and methodology of Marx, but also the theories of Adam Smith, Keynes and Buchanan are applied. In the meantime, modern econometric methods are used, and the inspiration of the philosophical thoughts of ancient China as well.

Through normative analysis and empirical analysis, logical deduction and historical investigation, our conclusions are as follows.

1. The essence of administrative monopoly is supra economic attribute and discriminatory, because it intervenes in the flow and configuration of the factors, impedes competition and creates unequal opportunities for market players. It has an obvious anti-market nature.

2. The historical implications of administrative monopoly at home and abroad.

Viewing from overseas situations: The substance of fight around breaking administrative monopoly or not is actually the issue regarding whether the interests should be shared or monopolized. Administrative monopoly is not only the product of transition towards market economic system and the initial phase of market development, but also, from the general extent, a possible product in the process of market expansion. The fundamental solution to administrative monopoly lies in the establishment and popularization of the free competition spirit. Allowing federal or central authorities to have higher economic management rights than local authorities is a solid guarantee to maintain unified market. The centralized allocation of resources in a country can benefit temporarily but not for long. It is highly necessary for transitional countries to enact laws and regulations over anti-administrative monopoly.

Viewing from domestic situations: Administrative monopoly increased the revenue of the exchequer in the short run, but failed to realize the dream of the prosperity of the motherland, so it's a poles-apart policy. Administrative monopoly did not help to control the gap between the rich and the poor, but instead formed a new unfair distribution—the interest conflict between administrative monopoly group and the people. The planned economy system contains factors of administrative monopoly but it's not administrative monopoly itself. Administrative monopoly since the reform and opening-up is the product of gradual reform of China, because it's the non-synchronism of the reform that has resulted in administrative monopoly. It can be seen from the historical track that administrative monopoly in China has a strong historical inheritance.

3. The current administrative monopoly in China is caused by a combination of the historical reasons, the cognitional reasons and the institutional reasons, and has profound cultural origins.

4. Administrative monopoly has great systemic influence on macro-economy.

ABSTRACT

Although administrative monopoly has played an important historical role at the initial stage of China's reform and opening-up such as maintaining economic order and social stability, lowering transitional risk, mitigating fiscal pressure and realizing the icebreaking and sailing off of reform and opening-up, it has become a major obstacle for further development, and it's no longer conducive to the security and stability of the country, which makes it cannot realize the original intention of the policy. As a distorted basic system, administrative monopoly keeps our economic system in a semi-marketized state, so that the market cannot play a complete role in the national economy. And then through conduction in economic course, it causes the distortion of resource allocation and the distortion of macro-economy. This finally shows a series of economic phenomena including the loss of gross output of national economy, the imbalances in economic structure, the difficulties in sophistication of industrial structure and in the promotion of economic quality. Therefore, it is the systematic origin of many current contradictions in China. The elimination of administrative monopoly will resolve indepth institutional contradictions, put the economy on a good track, and win another ten-year valuable and rapid growth for China.

5. The target mode of reform is to build up a normal and healthy market economy system which attaches equal importance to security and efficiency. The path of reform is: deepening administrative management system and fiscal system reform to eliminate the foundations of administrative monopoly, building up secure system to prevent and dissolve risks at the same time, and opening the market com-

pletely to realize equal competition in the end. This will complete the reform of China's marketization.

6. The normative nature of the basic system in a society is particularly important, and we should avoid using distorted governance over distortions. The effective way to solve the problem is to simplify the complicated system.

In sum, there are inseparable and inevitable connections between prosperity and competition; prosperity comes from competition. We must unswervingly push forward the development of reform and opening-up, resolutely discard the thoughts and behaviors of closure and monopoly of the old system which impede the development of productivity, and build up a brand new mechanism which is featured by unity, openness, competition and security. Only in this way can we be able to complete the mission of China's economic transformation entrusted to us by history, thereby laying a solid institutional foundation for the prosperity and rejuvenation of the Chinese nation.

目 录

第1章 绪论 ·· 1

  1.1 背景与目的 ·· 1

  1.2 国内外研究简述及本书拟解决的若干问题············ 2

  1.3 本书逻辑结构 ·· 10

  1.4 本书运用的主要理论和方法 ································ 11

第2章 行政性垄断基本问题 ·· 20

  2.1 关于前人对行政性垄断定义的探讨 ···················· 20

  2.2 关于定义行政性垄断需要的两个
关键要素的探讨 ·· 23

  2.3 本书关于行政性垄断的定义 ································ 26

  2.4 行政性垄断的本质 ·· 27

  2.5 行政性垄断的种类和表现形式 ···························· 28

  2.6 行政性垄断的广义财政性质 ································ 31

第3章 国内外行政性垄断的历史考察 ···································· 34

  3.1 国外行政性垄断及治理情况 ································ 34

· 1 ·

3.2 我国近现代行政性垄断的历史脉络 …………… 45
3.3 国内外行政性垄断的历史启示 ………………… 58

第4章 行政性垄断原因分析 ……………………………… 67
4.1 观念原因 ………………………………………… 67
4.2 政府职能和行政管理体制原因 ………………… 70
4.3 财政原因 ………………………………………… 75
4.4 利益集团的存在 ………………………………… 84
4.5 反行政性垄断法律和执法机构缺失 …………… 84
4.6 文化渊源 ………………………………………… 85

第5章 行政性垄断的宏观影响机理 ……………………… 88
5.1 行政性垄断对经济运行的影响 ………………… 89
5.2 行政性垄断对财政收支的影响 ………………… 101
5.3 行政性垄断对国家安全的影响 ………………… 102
5.4 行政性垄断对社会心理的影响 ………………… 103
5.5 区域行政性垄断对本辖区的影响 ……………… 103
5.6 对行政性垄断本质的再认识 …………………… 104
5.7 破除行政性垄断的重要意义 …………………… 105

第6章 破除行政性垄断对经济增长贡献的
计量经济学实证分析 ……………………………… 109
6.1 理论分析和总体规划 …………………………… 109
6.2 第一步：构造国内生产总值函数模型 ………… 111
6.3 第二步：测算消除行政性垄断后投资的
结构调整 ………………………………………… 124

6.4 第三步：测算消除行政性垄断可实现的
　　 GDP 增长 ································· 135
6.5 模型评价 ····································· 136

第7章　中国治理行政性垄断的目标模式和路径选择 ······ 137
7.1 改革目标 ····································· 137
7.2 改革路径 ····································· 139
7.3 自然垄断、国企重组、公共物品等特殊领域
　　 行政性垄断的治理 ······························ 159
7.4 以反行政性垄断政策支持供给
　　 侧结构性改革 ·································· 164

第8章　本书启示 ·· 167
8.1 主要结论总结 ·································· 167
8.2 规范社会各项基础制度，防止以
　　 扭曲治理扭曲 ·································· 169
8.3 简易，是大自然传授给我们的重要方法 ············ 170

结束语 ··· 172
参考文献 ··· 174

第 1 章

绪　论

1.1　背景与目的

我国的市场经济体制还不完善，旧体制旧观念人为封闭分割市场的行政性垄断，把我国经济体制维持在"半市场化"状态，使市场不能在国民经济中发挥完整的作用。目前我国经济生活中的一些矛盾问题，如结构失衡、质量不高、下行压力等经济现象，与行政性垄断阻碍市场机制有效发挥资源配置功能具有重大关系，是经济体制改革尚不到位、市场经济制度尚不完善的产物。

本书旨在分析产生行政性垄断的条件与原因；研究行政性垄断对宏观经济的系统性影响及其传导机制，论证繁荣与竞争之间的必然联系；提出消除行政性垄断、推进市场化改革的现实可行方案。

1.2 国内外研究简述及本书拟解决的若干问题

1.2.1 国外相关研究

国外对垄断的研究较多,但主要是针对经济垄断、自然垄断的研究。系统性研究以张伯伦、罗宾逊为代表,他们重点考察了垄断产品价格及消费者剩余,即垄断对某一产品某一行业效率的影响,但未考察垄断对国家的经济结构、经济总量等宏观效率的影响,因而被广泛作为西方经济学微观部分的教科书内容。

国外对行政性垄断的专门性研究较少,主要散落在古典经济学著作中,这个时期是西方国家从封建制度向市场经济制度过渡的时期。重商主义主张实行对外封锁国内市场的行政性垄断。重农主义的自然秩序思想对亚当·斯密产生了深刻影响。亚当·斯密以其"看不见的手"、"自由放任"思想,批评了封建行会制度、学徒法规这些人为的市场壁垒阻碍要素自由流动的不合理性,成为自由市场经济的理论开路者。

1. 重商主义的对外行政性垄断主张

重商主义认为财富即金银,他们一方面重视国内市场的统一,另一方面却将对外贸易垄断推向极致。通过行政力量,将国内市场和国际市场强行分割开来,用对外出口的行政性垄断和外汇管制实现贸易顺差。柯尔贝尔（1619~1683）1673年发布了"贸易法典"，针对国内关卡林立、税额过高、各地不一的混乱局面，提出取消通行税、统一税率、修复道路、疏通河流、开通运河、改革市政债务等措施，并在一定程度上实施，为重建法国贸易及经济秩序奠定了基础，法国的竞争力有了明显提高。① 但同时，重商主义者甚至不惜动用特工禁止人们把货币带出国境。

2. 重农主义的自然秩序思想

重农主义主张自由放任、自由通行，认为存在着一种比人类所设计的任何秩序优越的自然秩序，政府特有的任务是实行自由放任的政策。法国是一个农业自然条件优越的大陆国家，长期以来农业占有重要地位，重视农业的思想较为久远。布阿吉尔贝尔（1646~1714）认为自由有利于财富的创造，限制自由会对财富造成破坏，他主张赋予人民"随意出售或消费的自由"，"不能妨碍耕作、贸易和运输之事"。② 魁奈（1694~1774）主张经济自由，包括自由选择、自由贸易和自由竞争。自由贸易指国内商业和对外贸易的完全自由。"自然的贸易政策在于建立自由的和不受限制的竞争，这种竞争能保证国家有尽可能多的购买者和出售者，从而保证它在买卖交易时达成最有利的价格。"③ 可见魁奈认识到垄断条件下价格不合理。重农

---

① 姚开建、杨玉生：《新编经济思想史·第二卷：古典政治经济学的产生》，经济科学出版社2016年版，第50页。
② 布阿吉尔贝尔：《布阿吉尔贝尔选集》，商务印书馆1984年版，第385页。
③ 弗朗斯瓦·魁奈：《魁奈经济著作选集》，商务印书馆1979年版，第415页。

主义的观点对亚当·斯密及此后经济学思想具有深远影响。

3. 亚当·斯密关于行政性垄断问题的观点

在市场经济确立发展的时期，尤其需要破除非市场力量对自由竞争的限制。亚当·斯密（1723~1790）在著名的《国富论》中指出，必须使劳动和资本实现自由流动，而当时欧洲的政策却束缚了要素自由流动，限制了竞争。"欧洲的政策，由于不让事物有完全的自由，也引起了其他更为重要的不平等……第一，限制某种行业中的竞争，使从业的人数比不加限制时将要进入这种行业的人数少；第二，在其他行业中，使从业的人数增加到超过自然而然地会进入这种行业的人数；第三，阻止劳动和资本从一个行业到另一个行业，从一个地点到另一个地点的自由流通……学徒法律阻碍劳动从一种职业向另一种职业自由流通，甚至在同一地方也是如此。同业公会的排他特权阻止劳动从一个地方向另一个地方流通，甚至在同一种职业上也是如此。常常发生这样的事情，当一种制造业给予工人高工资时，其他制造业的工人仍然不得不甘心接受最低的生活费。前者处于进步的状态，因而不断要求增加新手；而后者则处于衰落状态，人手过多的状态仍在不断加剧。这两种制造业有时可能在同一城市，有时在同一地区，却不能彼此有些微的帮助。在前一场合学徒法规可能起阻碍作用，在后一场合学徒法规和同业公会特权均起阻碍作用。然而，在许多不同的制造业中，操作却十分相似，如果没有这些荒谬的法律从中作梗，工人们是很容易相互改变行业的……凡是阻碍劳动从一种用途向另一种用途自由流动的东西，也阻碍资本的自由流动",①"所有偏重或限制的体系被完全取消以后，明显的和简单的天然自由体系，就自行建立起来了"②。可见，斯密认为只要政府退出干预，给社会和人们以充分自由，资源配置就能自动实现效率最大化。

4. 马克思主义的研究成果

马克思（1818~1883）于1842~1843年在《莱茵报》工作期间，遇到的"需要对物质利益发表意见的难事"即"林木盗窃事件"，实际上就是行政性垄断案例。莱茵省议会通过了《林木盗窃法》，规定未经许可不得进入森林捡拾树枝，否则以盗窃罪论处，用强制方法对自然资源进行了垄断，触动了农民世世代代的生活习惯。马克思从法学和哲学角度说明农民捡树枝是一种合法占有，莱茵省法案已沦为统治阶级的掠夺工具了。

列宁（1870~1924）提出的帝国主义即国家垄断资本主义理论认为，自由竞争必然异化为垄断，垄断从自由竞争中生长起来，但并不消除自由竞争，而是凌驾于竞争之上。在帝国主义阶段，垄断资本与国家政权结合，凭借垄断地位占有价值、掠夺财富，这是帝国主义的寄生性、腐朽性。帝国主义时代，资本主义固有的基本矛盾进一步加深，并为社会主义准备了条件，因此帝国主义"是资本主义发展的最高阶段，是无产阶级社会主义革命的前夜"③。

---

① 亚当·斯密:《国富论》，杨敬年译，陕西人民出版社2001年版，第150~168页。
② 亚当·斯密:《国富论》，杨敬年译，陕西人民出版社2001年版，第753页。
③《列宁选集》第二卷，人民出版社2012年版修订版，第575、第582页。

5. 张伯伦垄断竞争理论和罗宾逊不完全竞争理论

在市场经济得到较充分发展的时期，竞争产生的经济垄断逐步成为现实的经济常态。张伯伦的垄断竞争理论和罗宾逊的不完全竞争理论应运而生。张伯伦（1899~1967）提出，产品差别是造成垄断的一个决定性的因素，有差别则垄断发生，差别程度越大，垄断程度也越大。一种产品具有差别，就可以说销售者对他自身的产品拥有绝对的垄断，但是却要或多或少地遭受不完全代替品的竞争。这样，每个销售者都是垄断者，同时也是竞争者，因此张伯伦称他们是"垄断的竞争者"，提出垄断竞争条件下企业面临的是向下倾斜的需求曲线。罗宾逊（1903~1983）在马歇尔局部均衡分析的基础上，应用包括边际收益曲线在内的一套分析工具，建立起能适用于纯粹竞争、纯粹垄断和垄断竞争条件下的市场均衡模式。罗宾逊与张伯伦观点的区别，一是张伯伦把垄断看作产品的差异性，罗宾逊把垄断看作市场的不完全性；二是张伯伦垄断竞争理论按卖者人数的多寡，划分为出售差别产品的许多销售者之间的垄断竞争和少数卖者之间的寡头竞争两种市场类型，罗宾逊没有涉及销售者人数的多寡，可以应用于除完全竞争和完全垄断条件以外的所有市场情况。[①]

6. 其他理论观点

与张伯伦、罗宾逊同一时代，还诞生了行为经济学，代表

[①] 高鸿业、吴易风：《研究生用西方经济学（微观部分）》，经济科学出版社1997年版，第306~382页。

人物米塞斯（1881~1973）也对垄断问题进行了研究。他认为，一种是权力垄断或生存条件垄断，即垄断统治，这与市场经济是不兼容的，垄断者是主人，其他人都是生活在其恩惠下的奴隶，第二种是对某种商品供应的垄断，与市场经济是兼容的，这种垄断广泛存在，每个工厂生产的产品都不同于其他厂家，在提供什么服务上有绝对的垄断权。米塞斯认为，垄断的特征是某种商品（或某个局部市场、细分市场）的所有供给控制在单一厂商或一群联合行动的厂商手中。①

熊彼特（1883~1950）关注垄断对技术进步的作用，他的创新理论认为，垄断企业的技术创新作为企业的内生因素，有利于促进生产发展，那种认为垄断企业效率低下的观点不能成立。②

1.2.2 国内相关研究

我国学者对行政性垄断的研究始于改革开放以后，是伴随着市场因素在我国的萌芽发展而展开的，20世纪80年代之后才陆续有关于行政性垄断的论述。不少研究论著都对国内学者的这些论述进行了归纳列举，本书不再赘述。本书将目前的主要观点整理概括如下：

（1）多数认为行政性垄断是中国特色。
（2）对行政性垄断的基本定义尚有不同见解。

---

① 杨玉生：《新编经济思想史·第五卷：20世纪上半叶西方经济思想的发展》，经济科学出版社2016年版，第501页。
② 杨玉生：《新编经济思想史·第五卷：20世纪上半叶西方经济思想的发展》，经济科学出版社2016年版，第466~490页。

（3）多数认为行政性垄断与自然垄断、国有制存在极为密切的关系。

（4）部分学者构建了指标体系，对具体行业、具体地区的行政性垄断强度尝试进行了量化测度。

（5）关于行政性垄断对国民经济全局的影响，多数认为行政性垄断有害，批评最多的是行业工资收入过高问题，对行政性垄断作用于宏观经济的传导机制与影响缺乏系统性研究。

（6）有观点认为财政分权改革使地方利益强化或分税制改革使地方财力不足导致了区域行政性垄断。

（7）关于行政性垄断的治理措施，不少学者提出了建设性意见，但一是大多建议较为原则，二是对于破除行政性垄断同时如何确保安全与秩序这一关键问题缺乏研究，使方案与实务存在距离。

1.2.3　本书拟解决的理论和实践问题

前文情况表明，关于行政性垄断还留给了我们许多进一步探讨的空间和可以补充之处：

一是需要进一步探究行政性垄断是否中国特色的问题。从前述亚当·斯密在《国富论》中关于行政性垄断的相关意见表述中已经可以看出，行政性垄断在当时的欧洲也存在，因此并非我国特色。当然，我们的回答不能仅限于此，更重要的是了解行政性垄断是在什么情况下出现的，即其产生的一般规律。回答这个问题，要建立在对国外相关历史进行考察的基础上。本书将在第3章对国内外行政性垄断历史进行梳理，行政性垄断不仅在中国存在，在国外的一定历史时期也存在；不仅是体制转轨过程的产物,从更一般意义上看,它是市场发育起始阶段的产物,还是原有市场面对更广阔市场的可能产物。

二是需要解决行政性垄断的基本定义问题。关于行政性垄断定义的争论,每个定义都有自己的关注点,有各自的背景和角度。本书认为,定义是一事物区别于他事物的高度概括,是对一个事物最核心特征的提炼。因此,本书将在第2章首先对行政性垄断区别于其他垄断的核心特征进行分析,在此基础上再根据行政性垄断的核心特征归纳其定义。

三是需要澄清行政性垄断与自然垄断、国有制的关系。一些观点将行政性垄断与我国社会制度中的国有制相联系,与技术特性决定的自然垄断相联系,既造成了理论上的模糊,又增加了实践中解决问题的难度。本书将通过第2章的分析,理清行政性垄断与自然垄断、国有制的区别。它们不存在必然关系。

四是需要系统地分析导致行政性垄断的原因,以便提出有针对性的解决方案,避免政策偏差。

五是需要对行政性垄断施加国民经济全局的宏观影响及其在宏观经济中的传导机制进行系统分析。政策取舍要以宏观效应为依据,宏观效应不等于微观效应的简单相加。假若某项政策虽然造成微观效率的一些损失,但对国家全局、对宏观经济有利,则应予完善而非取消。由于目前对行政性垄断的批驳缺乏宏观效应的传导机制分析,容易使观点停留在道德范畴,也难以揭示行政性垄断全面真实的影响。本书将在第5章进行这一分析。

六是需要提出治理行政性垄断的系统性、可实施方案。要对改革步骤做出规划,配套构建确保安全与秩序的政策框架。

本书将在第7章中提出比较完整、着眼于实践的分步改革方案。

1.3 本书逻辑结构

本书包括4个板块共8章。

第1板块是基本理论问题分析,包含第1章"绪论"、第2章"行政性垄断基本问题"。主要解决文章的目的和逻辑结构,依据的理论、运用的方法;行政性垄断与其他垄断的区别,行政性垄断的定义、本质等基础问题。

第2板块是历史和现实分析,包含第3章"国内外行政性垄断的历史考察"、第4章"行政性垄断原因分析"。主要分析:行政性垄断在国内外产生、发展的历史及启示,国外治理行政性垄断的经验借鉴;行政性垄断当前尚未被消除在认识上、体制上的原因等。以便为最终解决问题提供针对性方案。

第3板块是传导机制与影响研究,包含第5章"行政性垄断的宏观影响机理"、第6章"破除行政性垄断对经济增长贡献的计量经济学实证分析"。研究行政性垄断作为一项基础的资源配置制度,对国民经济全局如何施加影响以及施加了怎样的影响;构建模型,将马克思主义再生产理论与计量经济学方法相结合,对破除行政性垄断这一典型体制性改革对经济增长的贡献进行量化测度。从而论证繁荣与竞争之间密不可分的必然联系。

第4板块提出治理方案,包含第7章"中国治理行政性垄断的目标模式和路径选择"、第 8 章"本书启示"。提出效率与安全并重的改革总目标以及平等竞争、市场无壁垒、经济安全、社会稳定四大具体目标；提出了深化行政管理体制和财税制度改革以消除行政性垄断基础，建立标准体系和紧急动员制度等安全屏障以防范化解风险，最后以法令全面开放市场实现公平竞争的立足实践的分步改革实施方案。对于在全书分析过程中得到的带有普遍意义的方法论启示进一步提炼。

1.4 本书运用的主要理论和方法

在本书中，运用了马克思的理论和研究方法，也运用了亚当·斯密的理论；使用了现代计量经济学方法，也受到了中国古代哲学思想的启发。这是因为这些理论关于一般规律的认识本来是相关的。

1.4.1 本书运用的主要理论

1. 中国古典哲学

中华传统文化是世界的瑰宝，揭示了大自然的基本规律和我们应当采用的做法。清朝学者纪晓岚这样评价《道德经》："综罗百代，广博精微。"一些人认为亚当·斯密的自由放任理念是西方的思想，然而事实上早在 2000 多年以前的中国，老子《道德经》中就提出了道法自然、无为而治的思想，所谓

"太上，不知有之"、①"治大国若烹小鲜"②等。中国历史上最强盛的两个朝代——汉朝和唐朝建国时都采用的是道家思想和休养生息的政策，保证了其随后走向繁荣。作为一种管理学、管理方法，与社会性质本来并无关系。

本书关于在规范社会基础制度的同时减少人为政策对经济系统干预的基本思路受到道法自然思想的影响。本书第7章提出的治理行政性垄断方案中，具体运用了《道德经》"天网恢恢，疏而不失"③的思想。作为社会的维护者，一方面构建较为宽松却不遗漏的社会基本秩序作为底线，建立经营行为和经营状态标准，确保国家安全；另一方面在不破底线的条件下充分尊重市场主体的意愿、利益与决策，为之提供充分施展的舞台，释放社会活力，解放生产力。效法大自然，包容和欣赏基本秩序下大千世界之中"不同"、"差别化"的魅力与生机。

2. 马克思主义理论

马克思主义经济理论对社会经济规律进行了高度抽象，《资本论》对市场经济的运行机制进行了完整再现。

本书第5章运用价值规律分析了行政性垄断行业与竞争性行业通过市场供求机制进行的不等价交换，考察了行政性垄断利润的来源，进而揭示了其小团体垄断国家大市场的实质。第6章将马克思主义理论与现代计量经济学方法结合在同一模型中使用，运用再生产理论的部类分析方法构造了分部类的国内生产总值函数模型，运用平均利润率理论计算了消除行政性

---

① 老子：《道德经》，第十七章。
② 老子：《道德经》，第六十章。
③ 老子：《道德经》，第七十三章。

垄断、实现充分竞争时的社会资本配置状态，用计量经济学模型量化测度了破除行政性垄断对经济增长的贡献。

《哥达纲领批判》是科学社会主义的重要理论文献，其中著名的社会扣除理论指出"用来满足共同需要的部分，如学校、保健设施等，和现代社会比起来，这一部分将会立即显著增加，并将随着新社会的发展而日益增加"。① 事实上，不仅在未来社会，当今世界各国随着社会发展进步，国立文教机构普遍存在，社会事业投入持续增加。正是这些，保证了精神文化软实力的强盛和经济技术领域的不竭动力，与追求价值增值的市场机制形成互补。那种主张把事业单位全部推向市场的观点，是极端化思维方式，会危害到国家和民族的长远发展。本书第 7 章运用这一理论提出我国应当重视发挥事业单位的作用。

3. 凯恩斯有效需求理论

凯恩斯的有效需求理论是市场经济的重要理论，与马克思的相对生产过剩理论是同一问题的两个视角。本书第 5 章运用这一理论解释了我国经济质量提升存在阻力、产业结构高级化遇到困难的原因——缺乏有效需求的结构支撑。

4. 亚当·斯密"看不见的手"资源配置理论、布坎南公共选择理论

在《国富论》中亚当·斯密指出："每个人都不断地竭力为他所能支配的资本找到最有利的使用方法。诚然，他所考虑

---

① 马克思：《哥达纲领批判》，人民出版社1965年版，第12页。

的是他自己的利益,而不是社会的利益。但是研究他自己的利益自然地或毋宁说必然地导致他去采取最有利于社会的使用方法。"①"他被一只看不见的手引导着,去达到一个他无意追求的目的。虽然这并不是他有意要达到的目的,可是对社会来说并非不好。他追求自己的利益,常常能促进社会的利益,比有意这样去做更加有效。"② 在《道德情操论》中亚当·斯密指出:"尽管他们的天性是自私和贪婪的,虽然他们只图自己方便,虽然他们雇用千百人来为自己劳动的唯一目的是满足自己无聊而又贪得无厌的欲望,但是他们还是同穷人一样分享他们所作一切改良的成果。一只看不见的手引导他们对生活必需品作出几乎同土地在平均分配给全体居民的情况下所能作出的一样的分配,从而不知不觉地增进了社会利益,并为不断增多的人口提供生活资料"。③

"看不见的手"体现了亚当·斯密对世界辩证运动规律的深刻理解,具哲学内涵和经济学价值。他指出了主观与客观、目的与结果之间充满矛盾的对立统一关系;他并没有赞颂微观主体的道德人格,相反用了"自私"、"贪婪"表达了不屑;他告诉人们的是,由于这种辩证法则的存在,个体初衷将被异化为整体利益实现,而整体利益初衷将无法达成整体利益最大。"看不见的手"在经济实践中造就了西方国家的快速发展强大。诚如马克思和恩格斯在《共产党宣言》中指出的,"由

---

① 亚当·斯密:《国富论》,杨敬年译,陕西人民出版社 2001 年版,第 500 页。
② 亚当·斯密:《国富论》,杨敬年译,陕西人民出版社 2001 年版,第 502~503 页。
③ 亚当·斯密:《道德情操论》,蒋自强等译,商务印书馆 1997 年版,第 229~230 页。

于一切生产工具的迅速改进，由于交通的极其便利，把一切民族甚至最野蛮的民族都卷到文明中来了。它的商品的低廉价格，是它用来摧毁一切万里长城、征服野蛮人最顽强的仇外心理的重炮。它迫使一切民族——如果它们不想灭亡的话——采用资产阶级的生产方式"。①"资产阶级在它的不到一百年的阶级统治中所创造的生产力，比过去一切世代创造的全部生产力还要多，还要大。"②但是，经济危机出现使人们意识到还存在着外部性、公共物品供给不足、收入分配差距扩大等市场失灵，政府干预主义这只"看得见的手"应运而生。然而不久，公共选择学派创始人布坎南系统地阐述了政府干预的弊端：政府决策失误、政府目标偏离社会目标、机构膨胀效率低下、寻租等，使人们意识到与市场失灵相仿，也存在着政府失灵。

　　从理论上看，尽管理论界关于政府与市场的争论不休，但毋庸置疑的是，几乎所有经济学家都承认"看不见的手"应该继续发挥主导作用，争论焦点只是这只手究竟是否还需要另外那只"看得见的手"给予一点辅助，即政府是否应当作为、应在多大程度作为，"看不见得手"发挥主导作用从未被动摇。从实践上看，事实胜于雄辩，一百年来世界各国围绕资源配置模式进行了探索，是最终纷纷走上了改革开放的市场经济的道路。的确，市场经济不是完美的体制，但完美从未在世界上出现过；虽然市场经济终将在未来历史长河失去适应性而被取代，但它是与当今社会生产相适应的制度。

　　为此，要充分尊重个体的自由意志和分散决策权，让人民

---

① 马克思、恩格斯：《共产党宣言》，人民出版社2014年版，第31~32页。
② 马克思、恩格斯：《共产党宣言》，人民出版社2014年版，第32页。

充分拥有开业自由、生产自由、消费自由、决策自由，赋予人民更广泛的参与各行各业、各地区市场的权利，只要人民有愿望，守法经营，就应当准许，不要把人们阻挡在部分行业市场之外，不要把来自这个区域的资本和产品阻挡在那个区域之外。政府主要承担维护秩序的职责，不要对经济生活过度轻易干预。总之，就是破除壁垒，打通市场，赋予要素更大的自由流动权，这样，才能实现资源配置效率最大化，增进人民的整体利益。

5. 公共物品理论

行政性垄断涉及政府行为对部分产品供应的介入干预，而公共财政学的基石公共物品理论是研究政府介入经济生活向公众提供公共物品的依据与效率，研究国家与社会公民之间经济关系的理论。

与私人物品对应，公共物品具有非排他性、非竞争性的特征。我们无法使公共物品被一部分人享用时排除另一部分人享用，或者虽然通过技术处理可以实现排他，但排他成本过高，在经济上不可行，因此会出现"免费搭车"现象。公共物品不因消费者的增加而引起生产成本的增加，提供公共物品的边际成本为零，换言之，不论对一个还是一群消费者，需要提供的公共物品数量不变。由于公共物品的非排他性和非竞争性，决定了私人提供公共物品无法得到利益保障，市场机制在公共物品领域失灵，因此公共物品需要由财政提供。[①]

从公共物品理论可以看到：(1) 政府只应提供那些市场无

---

① 陈共：《财政学》，中国人民大学出版社2012年版，第13~21页。

法提供的公共物品，凡是市场能够自发提供的私人物品领域，政府不应干涉，绝不可以设置行政壁垒，对一部分微观主体开放市场而对多数人封闭市场，人为扭曲市场对资源的配置。（2）由于政府提供公共物品在本质上是对市场机制的"补位"，因此政府与市场的关系，是政府起辅助性作用，既然是辅助市场，就不能破坏而要尊重市场机制的作用，政府在履行职能时，应当坚持"中性"原则，尽量减少对市场机制配置资源的影响，对市场做到"补台不拆台，到位不越位"。本书第7章中关于公共物品领域行政性垄断治理部分，具体运用了公共物品基本特征的原理加以推论。

6. 垄断低效率理论

垄断市场模型表明，垄断状态下没有达到帕累托最优，会造成社会福利的净损失，因而垄断是低效率的资源配置方式。

如图 1-1 所示，垄断状态下，垄断企业通过控制产量，使自己达到 MR=MC 的利润最大化状态，这时 abc 三角区域既没有被生产者得到，也没有被消费者得到，是比竞争状态下蒸发的一块社会福利，因而垄断是低效率的，它造成了社会福利净损失。[①]

行政性垄断作为垄断的一种，同样损失了社会福利，造成了资源配置的低效率。本书第5章中以此分析了行政性垄断对经济总量的负效应以及破除行政性垄断对经济增长的意义。

[①] 高鸿业、吴易风：《研究生用西方经济学（微观部分）》，经济科学出版社 1997 年版，第 326 页。

图 1-1 垄断的低效率

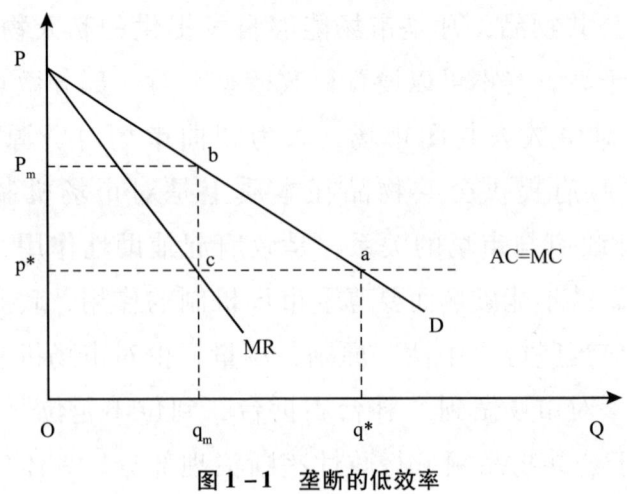

7. 其他理论

本书在具体分析中也运用到"X 无效率"、可竞争性理论、激励相容原理、配第—克拉克定理等其他一些理论。

1.4.2 研究方法

本书采用规范分析与实证分析相结合、定性与定量相结合的研究方法，具体包括：

1. 从抽象上升到具体的方法

遵循马克思式从抽象上升到具体的方法，从行政性垄断的定义和范畴出发，层层展开，分析行政性垄断通过经济系统的内在机制对国民经济的影响机理，一步一步向经济现实接近。

2. 逻辑与历史相统一的方法

对国内和国外行政性垄断的历史进行研究，探索国内外行政性垄断产生发展的历史条件和根源，使逻辑分析符合历史演进的客观事实，并借鉴国外治理经验。

3. 计量经济学方法

尝试运用计量经济学方法，对行政性垄断这一典型体制问题进行定量化研究，测度行政性垄断给国民经济造成的沉没成本即完成破除行政性垄断这一体制性改革将对我国经济增长的量化起推动作用。

第 2 章

行政性垄断基本问题

探讨行政性垄断,首先需要解决行政性垄断的一系列基本问题。本章的逻辑顺序是:首先对前人关于行政性垄断的基本定义加以分析,而后辨别行政性垄断的核心特征、主体等要素,在此基础上概括行政性垄断的含义,之后提炼行政性垄断的本质,最后对行政性垄断的种类和表现形式等加以梳理。

2.1 关于前人对行政性垄断定义的探讨

很多研究行政性垄断的学者都提出了自己的定义,使行政性垄断的定义纷繁复杂,分歧颇多,至少主要有 5 种观点,以致有学者专门对行政性垄断的定义进行了研究。问清泓《行政性垄断之定义研究》中列举了 16 个定义,将其归纳为"行为说"、"状态说"、"状态行为说"、"违法说"、"权力说"五类。[1]

---

[1] 问清泓:《行政性垄断之定义研究》,载于《理论月刊》2004 年第 6 期,第 142~144 页。

"行为说"认为行政性垄断是一种垄断行为,是地方政府、经济主管部门、其他职能部门或具有某些政府职能的行政性公司凭借行政权力排斥、限制或妨碍市场竞争的行为。"状态说"认为行政性垄断是一种市场结构状态,秉承张伯伦关于垄断是少量厂商的市场结构的规定,认为行政性垄断与经济垄断一样都应符合少量卖者的市场结构即垄断状态。"状态行为说"是"状态说"与"行为说"混合的观点,认为既要达到垄断状态又要看其是否实施垄断行为,如"行政垄断是指政府或其所属部门或其授权的单位凭借行政权力,扶持或培植一定范围的经营者,使之限制竞争、形成垄断的状态和行为"。"违法说"将行政性垄断直接定义为一种非法垄断,认为行政性垄断全部是非法的,不存在合法之说,如"行政垄断是政府及其所属部门滥用行政权力,限制或排除企业间竞争的违法行为。""权力说"认为行政性垄断是由于行政权力的介入而形成的。我国《反垄断法》未对行政性垄断给出定义,只在第五章"滥用行政权力排除、限制竞争"中做出了6条简短禁止性规定,如果认为"滥用行政权力排除、限制竞争"即行政性垄断的定义,则该定义属于上述"违法说"一类。对此,本书提出以下观点。

2.1.1 关于"行为说"、"状态说"、"状态行为说"

关于行政性垄断是垄断行为还是垄断状态的问题,本书认为,如果只是少数厂商的市场结构状态,并没有行政权力阻碍进入造成机会不均等,即是社会资本认为利润过低或风险过高不愿进入,则不属于行政性垄断。因此,行政性垄断应是垄断行为而非状态。笔者虽然赞同"行为说",但认为行为与状态的区别并没有捕捉到行政性垄断最重要的特点,不足以据此对行政性垄断进行定义。

2.1.2 关于"违法说"

对于一些学者归纳的行政性垄断定义中,直接将行政性垄断定义为一种非法行为,本书认为,行政性垄断既有符合国家现行法律法规的,也有违背国家现行法律法规的。合法与非法,不应作为判断是否行政性垄断的标准。因此,本书不赞同"违法说"。

2.1.3 关于"权力说"

对于"权力说"认为行政性垄断是由于行政权力的介入而形成的垄断,笔者认为有很大可取之处,因为它抓住了行政性垄断来自行政权力这一区别于经济垄断、自然垄断的最主要特征,但是,这一定义存在缺陷:其一,这种概括似乎包含着权力寻租、权力盈利,甚至以权谋私的意味,诚然,有些行政性垄断的确是这种情况,但是还有许多行政性垄断,权力机关制定审批政策是出于国家利益的考虑,参与市场活动的是垄断企业而不是行政机关,获取盈利的也是垄断企业而与行政机关无关;其二,未对主体加以说明,定义不完整;其三,这种概括无法区分行政性垄断与国家垄断的区别,无法区分行政性垄断与设置市场准入"门槛"等正常管理经济活动的区别。

2.2 关于定义行政性垄断需要的两个关键要素的探讨

2.2.1 关于行政性垄断核心特征的探讨

定义的要旨在于分清一事物与他事物的界限。因此，要准确定义行政性垄断，关键在于准确捕捉行政性垄断区别于经济垄断、自然垄断、国家垄断等其他垄断的核心特征，辨清它们之间的区别。

1. 行政性垄断与经济垄断的区别

经济垄断地位的取得来源于竞争的胜利、资本的积累集聚等市场因素或经济因素，行政性垄断地位的取得来源于行政授权或行政干预（见图2-1）。

图2-1 行政性垄断与经济垄断

2. 行政性垄断与自然垄断的区别

自然垄断是率先进入规模效益行业的企业，以低成本优势使后来者望而却步；行政性垄断是凭借行政控制力或制度安排，人为限制或阻止竞争。即便某行业属规模效益行业，但如果凭借的不是规模收益产生的低价优势这一经济手段阻止竞争者，而是凭借行政干预阻止竞争者进入，仍应属于行政性垄断（见图2-2）。

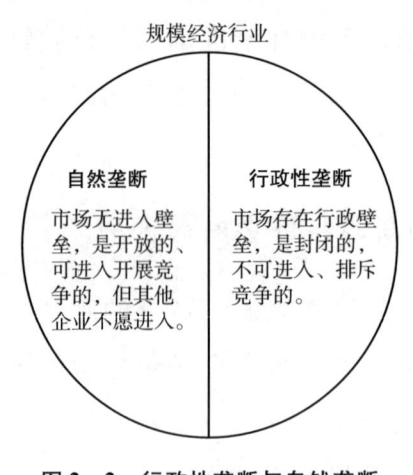

规模经济行业

自然垄断
市场无进入壁垒，是开放的、可进入开展竞争的，但其他企业不愿进入。

行政性垄断
市场存在行政壁垒，是封闭的，不可进入、排斥竞争的。

图2-2 行政性垄断与自然垄断

3. 行政性垄断与国家垄断的区别

国家垄断或国家所有制垄断，一是主体必须是国有企业；二是国家垄断并不排斥竞争，国家垄断可以采取某一行业由众多国有企业激烈竞争的格局。行政性垄断，一是主体并不一定是国有企业，而也可能是政府特批的私人企业；二是排斥竞争，政府对国有企业也不一视同仁，而是人为选择部分特定企业给予优惠关照，对多数国有企业也封闭市场不准进入，采取不平等的歧视性政策。因此，即便控制某行业市场或区域市场的企业，所有制性质上是国有的，但如果该市场不是对国有制企业平等开放，而是以行政手段人为指定少数企业开展经营，对行业外、区域外其他国有企业禁止进入，不管管理当局的初衷是什么，事实上是行政性垄断。在以行政手段封闭市场设置行政壁垒，阻碍国有制企业平等竞争的条件下，国家垄断初衷转化为行政性垄断实践（见图2-3）。

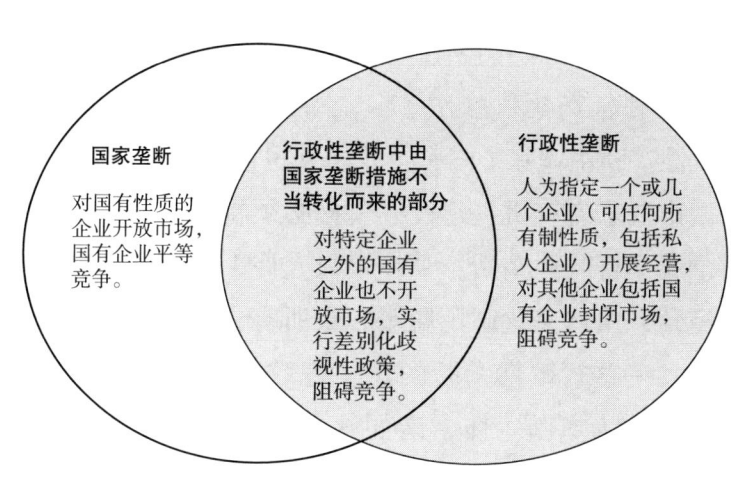

图2-3 行政性垄断与国家垄断

从以上对行政性垄断与经济垄断、自然垄断、国家垄断的区别分析可以看出：政府对特定企业授权，政府给予特殊保护、特殊扶持、特殊优惠政策，由此形成即便同等条件同类性质企业面临的市场机会也不平等，是行政性垄断区别于其他垄断的标志。行政性垄断是超经济垄断。取得垄断地位依靠的手段是划分垄断类型的标志。

2.2.2 关于行政性垄断主体的探讨

这里需要区分两类不同性质的概念：政策主体和垄断主体。行政性垄断的政策主体是行政机关，包括任何一级政府及其组成部门。垄断主体，即处于垄断地位的主体，只能是被保护行业或区域内的企业而不是行政机关。行政机关、行政权力是行政性垄断企业的帮手，甚至可以是始作俑者，但不是垄断主体。行政机关之所以会扶植行政性垄断企业，是因为行政机关可以从中得到"泛利益"，既包括经济利益、财政利益，也包括管理便利、安全利益。

行政性垄断主体除了国有企业之外也可能有私有企业。例如，某省会城市要求省直机关建设办公楼必须将部分订单给予该市城建集团，属于行政性垄断；某乡镇只允许 1 家特定的私营化肥厂在域内经营，虽然该化肥厂属于私人所有，亦属行政性垄断。

因此，一些行政性垄断的定义把政府部门与国有企业不加区别地并列作为垄断主体，诸如"行政性垄断是地方政府、经济主管部门、其他职能部门或具有某些政府职能的行政性公司凭借行政权力排斥、限制或妨碍市场竞争的行为"等许多类似归纳，一方面混淆了政策主体与垄断主体的区别；另一方面把私人企业排斥在了垄断主体之外，是不够严谨的。

2.3 本书关于行政性垄断的定义

根据上述对行政性垄断核心特征、行政性垄断主体的辨析，本书定义行政性垄断如下：

行政性垄断，是指少数市场主体凭借行业主管部门或地方政府人为选择性的设置市场壁垒、实施差别对待措施、排斥竞争干扰要素流动的行为，独占市场或者占有比条件相同的市场主体更多或更优厚的市场机会。

2.4 行政性垄断的本质

何为"本质"？本质是事物的根本性质。由于行政性垄断以人为干预为手段，形成机会不均等的状况，因此行政性垄断的本质是超经济性和歧视性。

在行政性垄断、经济垄断、自然垄断、国家垄断中，行政性垄断最具有反市场性。市场精神或者市场经济的根本要求在于，条件相同的微观主体应当拥有同等进入市场、开展经营活动的权力，享有同等的获得盈利机会。经济垄断是竞争形成的，垄断寡头依然面临着中小企业的现实竞争和行业外大企业虎视眈眈的潜在竞争；自然垄断来自市场竞争中企业对先机的把握，来自其规模经营产生的低成本的经济优势，在西方当前对自然垄断行业的管理实践中也面临着潜在竞争压力；国家垄断赋予了全部国有企业同等参与市场竞争的机会；而行政性垄断，用非市场办法只赋予少数指定企业经营特权，使条件、资质等完全相同的企业面临截然不同的机会。这种行政权力介入经济活动制造的不平等待遇、不均等机会，与平等、自由的市场精神在根本上是违背的，而我们要真正建立起市场经济制度，是必须要树立市场精神的，这是我们反对行政性垄断的根本原因。

2.5 行政性垄断的种类和表现形式

2.5.1 行业行政性垄断

这种行政性垄断来源于国家部委或行业协会对少数经营者（通常是通过行政方式设立、隶属于部委的寡头经营者），用非市场竞争方法，给予行业经营特权或者特殊优惠。该做法相当于对其他意愿经营者采取了歧视性、抑制性政策。

这类行政性垄断的具体形式主要包括：

1. 行政审批

行业主管部门对经营者进入行业进行行政审批，是行业行政性垄断的重要形式，如目前的银行业、证券业、航空业、出版业、电影电视业，等等。行政审批以行政手段授予通过审批者以市场空间和盈利机会并加以保护，剥夺其他经营者进入市场的参与机会和盈利机会，是对微观主体实行差别对待的歧视性政策，是以行政手段限制竞争、剥夺微观主体平等竞争权利的行为，因此是典型的行政性垄断。

2. 行政特许经营

行政机关使用非市场竞争的办法，也不制定或执行任何准入标准（注册资本标准、资质标准、企业性质标准等），而是人为直接指定经营者,如原先的邮电局垄断邮政业,现在的烟草专卖局垄断烟草业等。这种做法对其他市场主体采取了排斥性、歧视性政策,是行政性垄断的重要形式。通过招标等竞争方式遴选经营者,以及制定统一的准入标准,使条件性质相同的市场主体拥有同等经营机会的特许经营,没有取消市场竞争,不属于此列。

3. 订单优先

行政机关做出规定,在同等条件下优先使用某一或某几个经营者提供的商品或服务,如行政机关通过非竞争方式直接指定某一媒体优先作为重要经济信息发布媒体,行政人员利用职务影响将订单引导至利益相关企业等。订单优先也是以行政手段对市场主体实行了差别对待的歧视性政策,限制和阻碍平等参与,也是非常典型的行政性垄断。

2.5.2 区域行政性垄断

这种行政性垄断来源于地方政府通过行政权力,制造不平等竞争,造成市场分割的行为。既包括设置壁垒封闭地区市场,阻止外来经营者竞争和外地产品流入,以保护本地经营者及其产品的做法,也包括给予个别经营者特殊优惠的做法。

这类行政性垄断的具体形式主要包括:

1. 文件形式

以地方红头文件、会议纪要、白头盖章通知等限制外地产品和企业进入。这是区域行政性垄断的典型形式。原先采用最多的是地方政府直接以保护本地企业为名颁发公文，对本地区一部分行业限制外来者经营。这种方式被中央严厉叫停后，多转而采用执法等隐蔽形式。

2. 执法形式

以卫生检疫等合法程序，对外地产品进行特殊严格的检疫检验，对不达标的外地产品及将其引进域内的经营者施以重罚，或者对超载货车只查扣外地进入域内而不查扣域内开往外地等方式，放任本地产品流出，阻止外地产品流入。

3. 订单优先

这种情况与行业行政性垄断相似，只是做出规定的行政机关不是中央政府及其行业主管部委，而是地方政府。地方政府特别是县级以下尤其是乡镇，这类情况目前仍非常普遍。订单优先的这些企业，有些是地方政府出资设立的企业或融资平台公司，为地方政府办事，地方政府自然投桃报李，在订单上处处给予优先关照，这可以理解为"为公"；有些则是与县乡官员有家族联系或利益往来的企业，县乡官员们相互平衡的结果，是大家默认每个官员可以在某一两个小行业中安排订单优先企业，从而使其一定程度在地方合法化，这可以理解为"为私"。

4. 经营条件特惠

与封闭市场、限制准入的行为不同，一些地方政府在招商引资时为了吸引特定的外地优质企业入驻，为其提供优惠条件，主要有税收优惠减免、财政补贴、土地优惠、低于市场价格的办公用房或厂房等。由于这同样以行政手段给予特定少数经营者利益倾斜，造成市场主体之间经营条件的不均等、机会的不均等，因此亦属于行政性垄断。

2.6 行政性垄断的广义财政性质

2.6.1 财政的含义和本质

1. 财政的含义

财政是一个经济范畴，包括财政收入和财政支出两个部分。根据《经济大词典》的解释，财政是"国家为执行各种社会职能而参与社会产品的分配活动"。① 根据《常用财经词汇简释》，"财政是国家为了维持其存在和实现其职能的需要，凭借政治权力对社会产品进行的分配"。②

2. 财政的本质

从理论界对财政的上述定义可以看出，尽管人们对财政的具体解释有所不同，但主要分歧在于财政的目的。抛去财政目

---

① 许毅、沈经农：《经济大辞典·财政卷》，上海辞书出版社1987年版，第1页。
② 张弘力、矫正中：《常用财经词汇简释》，经济管理出版社2001年版，第45页。

的暂且不谈的话，财政是"国家参与社会产品的分配活动"，① 是国家"凭借政治权力而进行的社会产品的分配"。② 因此，财政的本质在于国家分配，即国家（既包括中央也包括地方）介入经济过程，依靠行政权力对社会资源进行强制性的分配。

2.6.2 行政性垄断与财政的联系

从性质上看，由于行政性垄断是超经济性的行政手段对资源配置的干预、对社会产品的分配，是行政力量配置资源，故同样具有上述财政的性质特征。

从结果上看，行政性垄断对社会产品在不同行业、不同地区、不同群体进行的转移分配，与财政的功能作用和结果并无不同。行政性垄断利润被行业主管部委和地方政府抽取的部分，由行业主管部委和地方政府使用，可以看作是特种税收，只是从财政实务的角度看，行政性垄断产生的这部分收益并不在中央财政掌管范围之中，与行业主管部委和地方政府的"自有资金"，与"预算外收入"、"地方政府债务收入"等极为相似。行政性垄断利润被行政性垄断企业占有使用的部分，可以看作是行政力量对部分企业进行的财政转移支付，将社会大众、非行政性垄断企业应当分得的一部分社会产品，通过行政力量、行政手段加以征收，转移支付分配给行政性垄断企业，

---

① 许毅、沈经农：《经济大辞典·财政卷》，上海辞书出版社1987年版，第100页。
② 张连生：《星推荐 一本涂书 政治》，天津人民出版社2017年版，第69页。

是在不同社会群体之间进行的分配调整。

综上，从广义的角度看，行政性垄断属于广义财政范畴，具有广义财政性质。由于行政性垄断的这一广义财政性质，它对宏观经济产生了广泛而深入的影响，本书将在第 5 章对其作用机理做专门分析。

第 3 章

国内外行政性垄断的历史考察

对国内外行政性垄断的历史状况进行考证十分重要，这直接关系到逻辑是否符合历史事实。对国外行政性垄断进行研究，才能回答行政性垄断是我国特有现象还是其他国家也存在这一学术界争论的问题，从而在理论上更全面深入地认识行政性垄断，在实践上获得治理行政性垄断的经验借鉴。中国行政性垄断由来已久，有深刻的历史渊源，对我国近代以来行政性垄断进行研究尤为重要，因为它包含着当今行政性垄断的种种根源，包括利益上、认识上、体制上、文化上等根源的踪迹。

3.1 国外行政性垄断及治理情况

3.1.1 西方国家

不少学者认为行政性垄断是中国特有的，特别是改革开放以来近几十年，中国从计划经济体制向市场经济体制转轨过程中所特有的。但通过大量阅读史料发现，事实上，西方国家历史上也曾经出现过典型的行政性垄断。

1. 在封建制度末期的欧洲出现了典型的行政性垄断，被资产阶级自由主义思想和制度的确立所终结

西方国家的行政性垄断主要发生在封建主义向资本主义过渡的时期，并伴随着资产阶级革命的胜利而终结。自由主义思想战胜封建专制思想取得统治地位、资产阶级战胜封建行会势力取得民主革命胜利，是西方国家成功治理行政性垄断的措施。

17世纪上半叶的英国，虽然商业有了发展，但依然是封建制度，封建阶级为谋取利益，在商业中推行专卖制，以专卖权实行对食盐、酒、煤等的行政性垄断，妨碍自由贸易，在手工业中维持行会法规，限制手工工场的发展。这些激起了资产阶级和无产阶级的反对，向束缚他们发展的封建特权展开了激烈斗争，发展成为具有划时代意义的资产阶级革命。1641年议会经过艰苦的内部斗争通过了《大抗议书》，列举查理一世的罪状，并在第115条宣布"全部专卖权已被废除"[①]，以议会法案强制破除了专卖制形式的行政性垄断，实行工商业活动自由。查理一世拒绝签署《大抗议书》，依靠强大的军队悍然向以议会为代表的资产阶级宣战。战争结局是议会取得胜利，推翻了封建专制政权，共和政府建立，查理一世被判处死刑。经过之后资产阶级和封建势力的反复争夺，尤其是1689年光荣革命，

---

① 被议会废除。

英国资产阶级革命完成。18世纪的法国,路易十四和路易十五为增加财政收入在工商业方面对生产进行严格控制,并征收各种国内通行费、税收和关税等,限制货物的自由流动,行会控制着一个地区手工作坊生产和贸易的权力,严重影响了竞争格局。法国大革命的胜利,剥夺镇压了封建主和封建行会,破除了封建行会限制竞争限制经营自由的旧制度,确立了包括自由贸易在内的资产阶级自由主义精神和相应的社会经济制度。马克思这样评价英国革命和法国革命:"1648年革命和1789年革命,并不是英国的革命和法国的革命,而是欧洲的革命。它们不是社会中某一阶级对旧政治制度的胜利;它们宣告了欧洲新社会的政治制度。资产阶级在这两次革命中获得了胜利……这两次革命不仅反映了发生革命的地区即英法两国的要求,而且在更大程度上反映了当时整个世界的要求。"①

与制度变革相同步,西方国家在这一时期发生了思想认识上的深刻革命。在亚当·斯密之前,重商主义在欧洲十分盛行,他们对待国内市场的态度与封建行会不同,主张建立统一市场,鼓励要素自由流动,但在对外贸易政策上,由于重商主义把财富简单理解成货币,他们强烈主张国家采取各种经济和超经济措施,不惜动用便衣警察跟踪胁迫在本国境内赚取了利润的外国商人把钱花在国内才准予离境。在重商主义思想的指导和影响下,这一时期的欧洲国家纷纷颁布商业、工业法令,鼓励产品出口,禁止货币输出和产品进口,形成了强大的对外行政性垄断。亚当·斯密的《国富论》是针对重商主义最有力的批驳,该书于1776年出版后,英国和美国都出现了许多要

---

① 《马克思恩格斯选集》第一卷,人民出版社2012年版,第442页。

求自由贸易的声浪，最终，重商主义思潮和当时的对外垄断经济政策，被亚当·斯密的"自由经济"理念彻底战胜，重商主义包含的行政性垄断彻底瓦解，自由主义思想在西方世界取得了主导地位。

2. 在建国初期的美国，各州走向联合的道路中出现了典型的区域行政性垄断，被司法支持的联邦权力所战胜

在美国历史上，吉本斯诉奥格登案是少数几个对美国产生深远影响的司法案件。

美国与法、德等欧洲国家同是市场经济国家，但与欧洲国家截然不同的是，由于美国建国时间晚，它是先有州后有国家的，而欧洲都是以统一国家经过封建时代进入市场经济的。这种独特的情况使美国在1776年建国之初，州的权力、它的独立性非常大，而联邦权力相对狭小。发生在1824年的吉本斯诉奥格登案改变了这个局面，它打破了地方保护主义，确立了联邦维护统一市场的权力。

富尔顿在利文斯顿的资金帮助下，经过多年的反复试验，制造出世界上第一艘汽船"克莱门特"号。1808年，纽约州议会为奖励这项发明，使之获得丰厚回报补偿成本，授予富尔顿和利文斯顿在该州水域30年的汽船运输的专营权，未经利文斯顿和富尔顿的允许，任何汽船都不得进入纽约州水域。之后，新泽西州商人奥格登从利文斯顿手中买到了伊丽莎白城到纽约航线的汽船经营权。种植园主吉本斯看到汽船航运业的巨大的商机，也购买了汽船并取得联邦政府依据《联邦海岸航行法》颁发的许可证，于1818年开始经营与奥格登相同航线的业务。1819年，奥格登把吉本斯告到纽约州法院，认为吉本斯

侵犯了他的特许经营权，州法院判令奥格登立即停止营业。被告吉本斯上诉到最高法院，最高法院依据联邦宪法中的"州际贸易条款"，认为联邦政府有权对跨州贸易做出规制，判定州议会授予垄断经营的行为违宪。事实上，在本案审理期间，俄亥俄州也通过了不允许纽约船只进入的法律，不少州正打算效仿纽约州立法保护地方利益。① 本案的审判结果，在当时美国前途扑朔迷离的岔路口，维护了国家统一，维护了联邦的权威性，也扑灭了地方保护主义苗头，促进了各州之间的贸易和经济活动的开放往来，有力促进了美国国内统一大市场形成和美国的崛起。此后，美国历史上再未出现过这种典型的区域行政性垄断。

3. 在"二战"时期纳粹德国出现了"民族社会主义"（或译为"国家社会主义"）的行政性垄断，随着纳粹在"二战"的失败而终结

从"二战"前夕至结束，纳粹德国出现过短暂的行政性垄断。德国是封建主义和自由主义思想影响都很深的国家，在"二战"前奉行"民族社会主义"即纳粹主义，纳粹政府对内实行"领袖原则"，强调对领袖个人的服从、整齐划一的秩序以及国家对资源的集中管控，对外实行武力扩张。为了推行"民族社会主义"信条，在经济生活中由国家主导资源配置，于1933年制定《强制卡特尔法》，行政性垄断企业集团在德国迅速发展。随着"二战"纳粹的失败，"民族社会主义"及其

---

① 任东来、陈伟、白雪峰：《美国宪政历程：影响美国的25个司法大案》，中国法制出版社2004年版，第71~84页。

包含的行政性垄断政策终结。

4. 在今天的西方国家，存在着少量且不典型的泛行政性垄断，由司法诉讼机制解决

对于今天西方国家是否在存在行政性垄断的问题，国内多数学者持否定态度，但也有学者认为存在着行政性垄断。《美国的行政垄断管制与我国相关制度反思》提出，美国的州行为理论可以使州的反竞争行为在一定条件下豁免适用反托拉斯法，从而可认为存在行政性垄断。该文举了两个案例作为典型例证。案例一：1943年加利福尼亚州一名葡萄种植者反对加州依据1940年葡萄干收成立法建立和实施销售计划，并认为该计划违反了谢尔曼法。当时，美国市场消费的几乎所有葡萄干以及世界产量的1/2都来自加州。在经历了几年因供应量过大而导致价格急剧下降之后，加州建立了一个详尽的计划来管理葡萄干的生产和销售。商人布朗声称这一计划将使其不能履行已经签订的供应合同而提起诉讼。最高法院认为如果加州管制计划是由私人、个体或公司的契约、联合或共谋来组织实施的，那么这一计划就是违反谢尔曼法的。然而，加州采纳和施行这一计划并未订立契约、协议，也没有共谋来限制贸易或者形成垄断，而是基于其主权以一种谢尔曼法并不禁止的政府行为施加的限制。因此，最高法院判定加州这一法律免于反托拉斯法的适用，也没有违反谢尔曼法。案例二：同样是加利福尼亚的案例，加州法律要求所有酒类生产商和批发商都必须加入该州确定转售价格的统一定价机制，不允许批发商以不同的价格进行销售。一个批发商因为违反加州法而受到起诉，该批发商声称该定价机制违反联邦反托拉斯法。最高法院阐明，对于在州作用下的私人限制竞争行为，如果该行为处于州的主动监督之下的话，不适用反托拉斯法。在本案中，最高法院明确州行为理论适用的两个条件："第一，对竞争的限制必须'作为州政策被清晰陈述和肯定表达'；第二，该政策必须由州本身进行'主动监督'。"最高法院认为加州定价机制满足了第一项要求，即州政策的清晰表达，但认为该定价机制未能满足第二项主动监督的要求，因为该州只是授权私方当事人固定价格并且实施该价格，却未确定价格和审查价格方案的合理性，也未规定公平交易合同条款，而且该州也没有监督市场状况或就该计划进行任何针对性复查。因此，最高法院最终判定加州定价机制因违反谢尔曼法而禁止实施。①

本书认为，这是一种不典型的泛行政性垄断。说它不典型，原因主要有四点：(1)进入自由。市场是开放的，这种行政行为并没有封闭市场，任何企业仍可畅通自由进入市场参加竞争，无行政壁垒。(2)一律平等。这种政策对所有市场主体都是统一的，一视同仁，无差别性歧视性对待，所有市场主体都在同一政策、同等条件下展开竞争，政府更没有在行业或区域内树立一个或几个行政性垄断寡头企业。(3)未取消竞争。政府统一限价行为，并没有取消竞争，只是为竞争者们限定了竞争条件。(4)司法制衡。政府制定的限定条件乃至整个政府行为要接受司法监督，一旦像上述案例二那样被法院认定政府未审查价格方案合理性、没有监督市场状况并对方案进行复查论证，法院将裁决政府行为无效。但是，这些行为也具有一些

---

① 杨一琛：《美国的行政垄断管制与我国相关制度反思》，载于《中共郑州市委党校学报》2008年第6期。

行政性垄断的特征，原因是：它用超经济性行政手段人为干扰了行业与行业之间的资源配置。通过统一定价干预价格，改变了行业间自由竞争情况下形成的不同商品之间的比价关系，进而间接干扰了不同行业间在自由竞争状态下的利润分配，间接影响了社会资本下一期对不同行业的投资。综合上述分析，这一行政管制行为应属于不典型的泛行政性垄断。从现有各方面资料看，西方发达国家不存在类似我国以行政性手段在行业或区域市场内扶持少量行政性垄断寡头企业，或者以行政方式对部分企业给予特惠照顾、对其他企业加以歧视限制的典型行政性垄断。事实上，像我国这样的行政性垄断，不可能被早已深深接受了亚当·斯密自由主义思想的西方民众所接受或忍受，在西方发达国家不具备土壤，也就无从实施。

3.1.2 原计划经济体制国家

苏联以及东欧国家曾经实行计划经济体制。为了避免转型时期大企业与部委、地方政府合谋实行行政性垄断，这些国家都制定了反行政性垄断的法律。

匈牙利1990年制定的《禁止不正当竞争法》第63条第1款规定，如国家行政机构的决议损害了竞争的自由，竞争监督机构可作为一方当事人请求法律救济。保加利亚1991年制定的《保护竞争法》中第4条规定，凡国家行政机关和地方机构明示或默许做出可产生某种垄断地位的决定，或者该决定事实上可导致这种地位，从而严重损害自由竞争的自由定价，予以禁止。

作为转型国家代表的俄罗斯，反垄断法对行政性垄断的规制最为明确具体。俄罗斯1995年3月25日出台了《关于竞争和在商品市场中限制垄断活动的法律》，在这部法律中用3个条款对行政性垄断做出了规制。主要内容有：

1. 对行政机构抑制竞争的法令和行为的规制

该法第7条规定，（1）禁止机构发布限制竞争的法律法令。联邦行政权力机构、俄罗斯联邦各部门的行政权力机构、各市政当局发布的法令或采取的行动，若是限制经济实体的自主权、歧视或偏袒特定的经济实体的，导致或可能导致抑制竞争或损害经济实体或公民利益的，应予禁止。这些法令或行动包括：在任何行业或产业中限制创建新的经济实体，对实施某种活动、制造某些类型的商品强加禁令，但由俄联邦法规预先规定禁令的除外。（2）机构不得在任何领域中无理由地阻碍经济实体的活动。一是不得禁止经济实体从俄联邦的一个区域（共和国、地带、地区、城市、市区）到另一个区域进行销售（购买、交易、收购），或者在其他方面限制经济实体进行销售（购买、交易、收购）的权利。二是不得对经济实体下达指令，要求对特定买方（消费者）团体优先购买商品或优先签订契约，而不顾俄联邦的法规和正式法令所规定的优先顺序。三是不得在任何活动领域中无正当理由阻碍创建新经济实体。无理由地授予特定经济实体或若干经济实体以好处，使这些实体与在同一商品市场中运行的其他经济实体相比，处于更优越的特权地位。四是对经济实体的形成、重组和停业（在反垄断法规定的场合）所发布的决策，以及授予一个或若干经济实体的特权，在俄联邦立法机关的法令未做规定的情况下，都必须经过反垄断当局的批准。（3）对出于制造和销售垄断商品的目的而设立机构的限制。禁止出于制造和销售垄断商品的目的而设立部、政府委员会或其他联邦行政权力机构、俄联邦各部门的行政权力机构和各市政当局。禁止将联邦行政权力机构、俄联邦各部门的行政权力机构和各市政当局的职能与经济实体结合起来。禁止将上述机构的职能和权力授予经济实体。包括政府监察机构的职能和权力，但立法机构的法令已有规定的情况除外。

2. 对行政机构抑制竞争的协议的规制

该法第8条规定，一个联邦行政权力机构、俄联邦部门的行政权力机构和市政当局与另一个联邦行政权力机构、联邦部门的行政权力机构、市政当局达成的任何形式的协议（协同行动），如果导致或可能导致抑制竞争或损害其他经济实体或自然人的利益时，可根据已建立的程序被全部或部分禁止，或被宣布为无效。这些协议是指可以产生下列后果的协议：（1）抬高、压低或操纵价格（价目表）；（2）划分市场范围、总销售额或购买额、所售商品的等级或卖方或买方（消费者）集团；（3）限制经济实体进入市场或将其排除在市场之外。

3. 对权力经商的规制

该法第9条规定，不允许国家权力机构和国家行政机构的官员参与企业性活动，禁止官员从事下列活动：（1）参与自主的企业活动；（2）拥有企业；（3）在一个公司或合伙机构的全体会议上直接或通过代表行使赋予其所持有的股票、捐赠、股份或共享股份的表决权；（4）在一个经济实体的管理机构中

·43·

占有一个职位。①

作为转型国家另一个典型代表的乌克兰,在1992年2月颁布了《禁止垄断和企业活动中不正当竞争行为法》,该法于1995年7月进行过修订。该法对滥用行政权力限制竞争行为做了规定。这些行为包括:(1)出于限制竞争的目的,禁止某个经济领域建立新企业或企业的其他组织形式,以及限制某种活动或者某种产品的生产。(2)强迫企业加入某联合体、康采恩、跨行业跨地区以及其他的企业集团,或者强迫企业订立优惠合同,承担向某些消费团体提供价格便宜的商品。(3)做出可导致市场垄断地位的由中央分配商品的决议。(4)发布禁止在共和国某地区销售来自其他地区商品的命令。(5)向个别企业提供税收或其他方面的减免,由此使它们相对其他企业取得优势地位,导致一定商品市场的垄断化。(6)限制企业购买或者销售商品的权利。(7)对个别企业或企业集团发布禁令或者限制。乌克兰反垄断委员会依据这些规定,查处了许多行政性限制竞争案件。如:财政部不许可基辅国际证券交易所的股份转让进行注册登记,反垄断委员会要求财政部停止这种行为,并经仲裁庭裁定,财政部的行为属于违法行为。邮电部和交通部拒绝向个别企业发放营业许可证,在反垄断委员会的要求下,它们最终同意发放。国家铁路管理局向其从事运输业的子公司发布指令,要求它们只是同铁路局所属公司内部订立有关运输和向国外运输货物的合同,由此使100多家独立的承运人和货运企业失去了交易机会,在反垄断委员会的干预下,铁路

---

① 王贺娟:《论行政垄断的反垄断法规制》,山东大学硕士学位论文,2010年,第15~16页。

局被迫宣布这个指令无效。①

3.2 我国近现代行政性垄断的历史脉络

3.2.1 洋务运动的寡头行政性垄断

洋务运动按照行业实行典型的行政性寡头垄断控制。洋务运动中，不管是官办、官商合办还是官督商办，都实行行业行政性垄断。1870年之后，洋务派在经营军用工业的同时，陆续建立了轮船、煤矿、冶铁、纺织、铁路、电报等民用工业和近代交通运输业，包括台湾基隆煤矿、贵州清溪铁厂、兰州机器制呢局、轮船招商局、唐山至胥各庄线铁路、天津到上海电报线，这些民用企业雇佣劳动，以营利为主要目的，是资本主义性质的近代企业，又拥有行政赋予的垄断经营权。如轮船招商局成立时即享有运输漕粮特权，1877年又获得承运沿江各省官物的特权，李鸿章规定"五十年内只许华商附股"，② 不得再开办同种企业；开平矿务局开办后，由李鸿章批准，距唐山十里内不准另立煤矿公司采煤；上海机器织布局开办时，李鸿章奏准"十年之内只准华商附股搭办，不准另行设局"。③ 1905年

---

① 王贺娟：《论行政垄断的反垄断法规制》，山东大学硕士学位论文，2010年，第17~18页。
② 赵靖：《中国经济思想通史续集：中国近代经济思想史》，北京大学出版社2004年版，第170页。
③ 李鸿章：《李文忠公全集·奏稿》，国学大师网/影印古籍 http://www.guoxuedashi.com/guji/1638c/；卷四十三《试办织布局折》。

张之洞在写给湖南湖北布政司的信中还说："有愿承办湖北制造大呢毡毯厂者，或承办制造皮革厂者，或承办制造纸货厂者，或承办制造水泥厂者，均准其专利十五年。"① 1893年上海机器织布局焚毁，次年建立华盛纺织总厂，李鸿章又奏请："无论官办、商办，即以现办纱机四十万锭子，布机五千张为额，十年之内，不准续添。"②

3.2.2 民生主义理论与民国时期四大家族垄断

孙中山先生用毕生实践着天下为公的理想信念，被毛泽东同志誉为"伟大的革命先行者"，在提出反对帝国主义、反对封建主义、建立资产阶级民主共和制度的同时，以其领袖睿智注意到一些资本主义国家贫富分化、社会矛盾加剧、底层人民受剥削压迫的情况。为了解决这些问题，他提出了民生主义思想，与民族主义、民权主义共同组成了三民主义思想。按照1924年《中国国民党第一次全国代表大会宣言》对三民主义的阐释，民生主义主要包括两个内容："一曰平均地权，二曰节制资本"。节制资本指节制私人资本，国家对重要行业进行控制。"凡本国人及外国人之企业，或有独占的性质，或规模过大为私人之力所不能办者，如银行、铁道、航路之属，由国家经营管理之，使私有资本制度不能操纵国民之生计。"③ "凡

---

① 张之洞：《张之洞全集》，武汉出版社2008年版，第460页。
② 李鸿章：《李文忠公全集·奏稿》，国学大师网/影印古籍 http://www.guoxuedashi.com/guji/1638c/：卷七十八《推广机器织布局折》。
③ 《中国国民党第一次全国代表大会宣言》，引自《孙中山全集》第九卷，中华书局1986年版，第120页。

天然之富源，如煤铁、水力、矿油等，及社会之恩惠，如城市之土地、交通之要点等，与夫一切垄断性质之事业，悉当归国家经营，以所获利益，归之国家公用。"①节制私人资本的这一思想，不但对南京国民政府随后一系列经济政策直接发挥了指导作用，事实上也对新中国对经济问题的认识、国家管理经济的方式产生了深远影响。它是近现代中国历届政府在国内经济管理实践中实行国家垄断或国有制的重要认识论来源之一。

遗憾的是，孙中山先生去世以后，在国民政府经济工作中，国家垄断政策演变成了行政性垄断实践，国家节制私人资本的主张逐步变成了四大家族按照行业对国民经济进行行政性垄断。其关键原因在于，国民政府没有在国家资本管控的行业中建立多个国有企业激烈竞争的市场结构，而是搞只有少数几个大企业经营。在金融领域，国民政府建立了中央银行、中国银行、交通银行、中国农民银行四大国有及国有控股银行垄断金融；在外贸领域，设立富华、复兴、中国茶叶三家国营公司统一组织出口；在现代工业领域，成立国有大企业如中国纺织建设公司、中国蚕丝公司、中国石油有限公司、中国植物油料厂等在各自行业实施工商独占活动。虽然这些企业在性质上是国有的，但其他国有性质的企业却没有进入市场参与竞争的权力，行业市场只是对这些特定企业而并非对国有企业平等开放。这种方式，不管它们是国有资本还是私人资本，其实已经不重要了，任何处于行政性垄断地位的市场主体，必然异化出不同于国家利益的小团体利益，

---

① 《孙中山全集》第五卷，中华书局1985年版，第135页。

它们必然也最终的确演变成了少数人的官僚资本主义而与国家利益、广大人民利益相对立。将国家垄断实践为行政性垄断，这最终背离了孙中山先生节制私人资本的初衷，加剧了社会矛盾，没有也不可能发挥以其资本实力辅助政权、维护稳定的作用。

3.2.3 计划经济体制包含的行政性垄断特征

人们对中国传统计划经济体制的概括大相径庭，有人说是高度集权的大一统体制，有人说是条块分割的诸侯体制。在研究行政性垄断问题上，对这一体制的准确概括尤为重要，因为这一体制向市场经济体制过渡的改革开放过程中行政性垄断问题格外突出。

笔者认为，从政府与社会的关系、政府内部的关系等角度进行考察，可以看出传统计划经济体制具有以下主要特征：一是在微观基础上，以国营和集体企业、以公有制为基础；二是在管理方式上，实行严格的计划管理，按照政府的需要和价值判断，以行政指令配置资源；三是从政府与社会的关系看，是高度集权的大一统管理体制，微观活动被牢牢管住管死；四是从政府内部看，以条块分割为特征，一方面通过中央部委对行业系统进行纵深管理，另一方面通过地方政府对地区进行分块管理。所以，单纯强调我国传统计划经济体制是高度集权的大一统体制或者认为是条块分割的诸侯体制，都是偏颇片面的。

在这一传统体制时期，中央部委按行业设置和领导着一批企业，地方政府在本地域设置和领导着一批企业。这些企业是各个中央部委、地方政府的附属品,在各自行业、各自地区按照主管部委、主管地方政府的要求从事生产经营活动,因此包含着很强的行业行政性垄断和区域行政性垄断的潜质特征。但是,如果说计划经济体制就是行政性垄断则未免有些牵强,因为在这种体制下所有的微观主体都在各自指定的行业范围和区域范围内活动,每个微观主体都不存在来自行业外区域外的竞争,不存在对部分企业限制准入、对部分企业开放市场这一行政性垄断的典型歧视性政策。

3.2.4 改革开放以来的行政性垄断

改革开放以来,我国行政性垄断经历了发生、发展的变化过程,与此同时,我国的经济体制、财政体制也在变化、调整。仔细观察可以看出,改革开放以来行政性垄断的发生、发展,与经济体制、财政体制的调整变化,隐约浮现出了一条线索,它们之间具有若隐若现但深厚的相关性。以解决分配问题为历史起点、重点围绕计划与市场关系展开、分行业分地区的渐进性经济体制改革,使已实施改革部分与未实施改革部分发生了冲突,如微观主体的市场取向与政府管理经济的传统模式的冲突、率先开放行业与尚未开放行业的冲突,这些提供了行政性垄断的基础;财政体制改革和税收制度设计中的一些失误与缺陷、一些管理漏洞刺激了地方利益和部门利益。对这些问题的研究,无论是在理论上准确认识行政性垄断,还是在实践中制定针对行政性垄断的有效治理措施,都具有非常重要的意义。

1. 经济体制、财政体制改革展开与行政性垄断产生（约20世纪80年代初期至90年代初期）

改革开放的直接动因在于调动积极性，改善人民生活，因而具有两个特点：（1）首先从分配领域开始。在真理标准问题大讨论之前，经济学界已经开始了以按劳分配问题为主要内容的经济理论大讨论，从1977年2月开始到1978年中央工作会议和党的十一届三中全会前夕结束。分配领域改革先行，使社会的逐利倾向早于政府管理经济方式的变革，在仍实行计划经济时期审批进入而未对社会开放的行业中，人们也获得了强大的逐利动机。这一时期实施了两次政府机构改革，但未触及政府职能、条块分割管理体制、行政手段管理经济问题。1982年机构改革主要是解决班子老化、副职过多问题；1988年机构改革调整幅度较小，行业主管部委仍然直接管理企业。（2）我国的经济体制改革是按行业展开的，与人民生活密切相关的行业包括零售、餐饮服务业最先开放，只要办理工商营业执照就可经营，一时间这些行业出现了不少个体工商户和私营企业，竞争激烈，市场活力充沛，同时也冲击了传统的国营商业和餐饮服务业，不少企业在苦苦支撑后停业关闭，计划经济体制下令人羡慕的营业员转眼变成了下岗职工。此后，服装、鞋帽、日化等日用品制造业开放，随后，家电制造业开放……与这些行业形成对比的是，仍有大量行业继续奉行计划经济体制下的主管部委审批经营制，管理当局批准数量十分有限，又没有制定公布审批标准，全凭管理当局的判断、好恶和关系网，行业外部的企业包括国有企业也无法获得审批进入。由此，行业行政性垄断产生。

这一时期，中央与地方财政体制进行了三次大的调整。①（1）1980年"划分收支、分级包干"的"分灶吃饭"财政体制改革。在中央和地方之间，对收入实行分类分成，对支出实行按企业隶属关系和支出性质分别负担，自求收支平衡。旨在调动地方积极性，减轻中央财政压力。1983~1984年实施了两步"利改税"，扩大企业留用税后利润的积极性。这次改革，打破了统收统支财政体制，开始注意利益机制，注意中央与地方之间的财税关系。但是，把包产到户用到财政上实行包干制，虽然缓解了财政压力，调动了积极性，却过于简单粗暴，对经济发展产生了低档粗放、盲目扩大规模等不利影响，也助长了地方的诸侯经济思想，不利于后续统一市场的形成。（2）1985年"划分税种、核定收支、分级包干"的财政体制改革。主要形式有"总额分成"、"定额上解"、"定额补助"等多种办法。这次改革，开始按照税种划分中央与地方收入，开征了著名的增值税，对集体企业和个体工商户所得税实行超额累进制，对承包经营责任制国有企业实行"包死基数、确保上交、超收多留、欠收自补"。在收入划分、税种设计和征收方法开始向现代税收制度靠近，对承包经营的国有企业仍实行包干制。（3）1988年实行地方财政包干办法。由于财政收入下滑，1988年再次实行地方包干制，主要有"收入递增包干"、"总额分成"、"总额分成加增长加成"、"上解递增包干"、"定额上解"、"定额补助"六种办法。实行利税分流，合并外商投资企业和外资企业所得税，实行复式预算。这三次

---

① 项怀诚：《中国财政50年》，中国财政经济出版社1999年版，第9~18、第303~366页。

财政体制改革，强化了对地方的财政约束，也必然促进了地方的利益觉醒。与此同时，我国在区域上也渐次改革开放。为了尽快破冰，国家给予与港台地理位置最近的东南沿海地区、最具轻工业突破潜力的江浙地区以优惠政策，这些地区的企业得以迅速发展壮大。我国各地工业基础本来就存在巨大差别，地区间经济发展非常不平衡，在面对改革开放环境时，发展速度不一，基础好的地区，工业迅速发展。在本地竞争中壮大起来的企业，随着生产能力的迅速扩大，本地市场已经无法容纳，于是，它们向外寻求市场机会，将商品销往外地。然而，在既定的财政制度下，商品销售地的地方政府并未能从中获益，相反受到了本地企业市场被外地商品占领、效益滑坡连带的财政冲击，于是纷纷封闭地区市场，阻止外地商品，保护本地企业，由此发生的区域间羊毛大战、棉花大战、桑蚕大战此起彼伏，区域行政性垄断产生。

2. 经济体制、财政体制改革推进与行政性垄断发展（约20世纪90年代初期至2010年）

这一时期的前半部分，经济体制改革的重点主要放在解决计划与市场的关系问题、所有制结构与社会主义制度的关系问题、扩大国有企业自主权建立现代企业制度问题，其背后是围绕政治道路及理论依据这个重大问题展开，发生了1992年邓小平南方谈话和党的十四大召开等重大历史事件。1992年初，邓小平视察武昌、深圳、珠海、上海等地，重申解放思想、实事求是的思想路线，提出了"计划经济不等于社会主义，资本主义也有计划；市场经济不等于资本主义，社会主义也有市场"的著名论断;① 党的十四大确立了建设社会主义市场经济体制的目标;1993年十四届三中全会通过《中共中央关于建立社会主义市场经济体制若干问题的决定》,提出使市场在国家宏观调控下对资源配置起基础性作用。这一时期的后半部分,经济体制改革的重点放在解决日益突出的下岗失业等社会稳定问题和新中国建立以来反复出现的经济结构矛盾。1998年实行"两个确保",建立"三条社会保障线",解决下岗失业形势严峻、下岗职工生活堪忧问题;2003年《中共中央关于完善社会主义市场经济体制若干问题的决定》提出完善社会主义市场经济体制贯彻"五个统筹",统筹城乡发展、统筹区域发展、统筹经济社会发展、统筹人与自然和谐发展、统筹国内发展和对外开放;2003~2010年全面推进卫生医疗体制改革,建设天津滨海新区,建设社会主义新农村,实施振兴东北老工业基地战略,实施中部崛起战略。与上述这些问题相比,对政府职能和管理手段调整有所涉及但重视不够。这一时期实施了3次政府机构改革,1993年把国务院组成部门由72个减少到41个,调整了直属机构的隶属关系,但仍然继续行使原先的工作职能。1998年机构改革为史上力度最大一次,国务院组成部门减少到29个,省级政府的机构减少到平均每省40个,地市级政府机构减少到平均35个,县级政府机构减少到平均18个,人员精简了50%。但政府职能转变不够,主管部委按行业划分职权并对行业进行纵深管理的模式、地方政府对本区域企业进行全方位管理的模式,并未根本改变。2003年机构改革加强了对相关行业的对口监督。

---

① 《邓小平文选》第三卷,人民出版社1993年版,第373页。

在这一时期，发生了著名但后来引起很大争议的分税制财政体制改革。1994年，为了解决"两个比重"（财政收入占GDP比重、中央财政收入占财政收入的比重）不断下降问题，也为了适应建立市场经济体制的需要，实行了分税制改革。一是按照中央和地方政府各自事权，划分各级财政的支出范围；二是根据财权事权相统一的原则，按税种划分中央和地方收入，确定中央税、地方税、中央和地方共享税；三是建立了转移支付制度；四是以1993年为基数按统一比例确定税收返还数额以及处理原体制下的央地结算事项。这次改革，取消了各种"包税"做法，建立了以增值税为主体的流转税制，统一了内外资企业所得税，统一了个人所得税。在中央和地方分设税务机构。分税制改革后，重新搭建了中央与地方财政关系的基本制度框架，解决了"包税"时期的种种财政运行乱象，使中国的财政秩序大为改观，中央财政重获活力。[1]

这一时期，行政性垄断迅速发展，涵盖了各行业、各地区。从行业看，几乎进入任何行业都需要行业主管部门进行行政审批，能否得到批准并没有公开透明的标准，全凭主管部门主观意愿。1998年全国石油石化行业重组，组建中石油、中石化两家巨无霸寡头企业，把行业行政性垄断推向高潮。以黄河为界划分中国石油石化市场，将全国各地区的石油石化企业包括加油站等，以行政命令方式无偿划归两大企业，并且不允许其他企业经营石油石化业务。《国务院办公厅关于组建中国石油天然气集团公司和中国石油化工集团公司有关石油公司划转

---

[1] 项怀诚：《中国财政50年》，中国财政经济出版社1999年版，第9~18、第303~366页。

问题的通知》规定："内蒙古、辽宁、吉林、黑龙江、重庆、四川、西藏、陕西、甘肃、宁夏、青海、新疆等12个省、自治区、直辖市及大连市石油公司及其下属各级石油公司和加油站，划归中国石油天然气集团公司；吉林省吉化集团公司、吉林石油集团有限公司，划归中国石油天然气集团公司。北京、天津、河北、山西、上海、江苏、浙江、安徽、福建、江西、山东、河南、湖北、湖南、广东、广西、海南、贵州、云南等19个省、自治区、直辖市及宁波、厦门、青岛、深圳市石油公司及其下属各级石油公司和加油站，划归中国石油化工集团公司。""上述石油公司及其加油站和有关企业的国有资产无偿划转到两大集团公司。此次划转不再进行资产评估和验资，遗留问题逐步清理，妥善处理。"此次改革后，国家经贸委没有再审批同意过经营石油石化的企业。从地区看，这一时期许多地方政府都以红头文件形式明文规定限制外地企业、外地产品进入辖区与本地企业竞争。地区内部，次级地区之间也实行封闭，对外地企业采取限制准入的歧视性措施。全国各行业各地区出现了十分普遍的"山头经济"现象。2006年湖北省汉川市政府办公室下发红头文件，给市直机关和各乡镇农场下达喝酒任务，指令全市各部门全年喝"小糊涂仙"系列酒价值总目标为200万元，完成任务的按照10%奖励，完不成的通报批评。文件附有《各地各单位使用和促销小糊涂仙系列酒分解表》，市政府接待处10万元，教育局3万元……共有105个单位承担有喝酒任务，每个市直单位从几千到几万元不等。可见，在这一历史时期，在当时既定的税收制度框架下，爆发了央地利益争夺。

有不少学者和舆论批评分税制改革把大量财力集中在中

央，留给地方的几乎都是收入来源不稳定、税源分散、征管难度大、征收成本高的中小税种，认为它是造成地方财政困难的根源，由此成为地方政府实行区域行政性垄断解决财力不足的动因，但是，从改革开放以来行政性垄断和财政体制改革的历史顺序上可以看出：行政性垄断在分税制改革前就已经产生，而在分税制改革已完成数年、政策已经稳定后的20世纪90年代末21世纪初却达到了一轮高潮，这让我们不得不重新审视分税制改革以外的财税制度因素。

3. 区域行政性垄断由明转暗和行业行政性垄断继续发展（约2010年至目前）

近年来，适应建立社会主义市场经济体制的需要，我国政府十分重视反对行政壁垒，对人为限制竞争的歧视性措施给予处罚。在这一时期，实施了两次政府机构改革，2013年实行铁路政企分开，整合卫生计划生育、食品药品管理机关；2018年充实国家监察委员会，加强对公职人员的纪检监察，对国务院各部委、国家局、直属机构进行相互整合。但是，我国传统体制遗留的条块分割即以行业主管部委和地方政府承担主体责任的管理经济方式，虽然有了一定改变，却没有得到根本改变或彻底改观，势力范围依然存在，这就决定了行政审批、人为排斥限制竞争等行政性垄断行为，不可能根本或彻底消除，只是由明变暗，更换成其他更隐蔽的形式。

从国家对行政性垄断的打击看，动作频出。2016年6月，国务院发布《关于在市场体系建设中建立公平竞争审查制度的意见》。央视新闻客户端2016年12月29日消息，国家发展改革委公布了一批行政性垄断案件及处理结果，上海市交通委、北京市住建委等15个省市部门被公告处理。

但从目前情况看，行政性垄断形势依然严峻堪忧：

从地区上看，许多地区改变了过去以红头文件形式公然对外地产品和企业进行限制的做法，转而采取更加隐蔽的形式实施区域保护：以卫生检验不合格不达标、未履行检验程序等名义，下架外地产品，限制外地企业经营活动；以查扣货运超载车辆名义，按照地方政府明示或暗示，阻止外地价格低廉的农产品进入本地市场，以保护本地企业获利。仔细观察不难发现，各地查扣处罚的超载车辆都是从外地进入本地送货的大货车，罕有听说从本地开往外地送货的货车在本地被查扣处罚的。为什么同样的超载大货车、同样地行使在本地境内，各地交警齐刷刷地一律看不到本地往外开的超载车，都要等到车辆开到别人那里统统被逮到？种种这些，有多少是在执法名义、合法形式下实行的歧视性准入政策。行政性垄断仍在继续，只是换了形式，变得更加隐蔽。时至今日，北京路面上的出租车依然是北汽集团生产的现代和北汽新能源，上海路面的出租车依然全部是上海一汽集团生产的大众和桑塔纳。2017年2月21日《北京商报》刊登的《板蓝根屡登黑榜背后：地方保护主义起作用 企业违法成本低》披露道："板蓝根是用量较大且长期销售不衰的药材，覆盖较广的使用群体。在国家食药监总局最新公布的54种不合格中药饮片里，有28种为板蓝根。中药材产品登黑榜事件时有发生。""中药材频出问题当地监管部门却发现不了，这在一定程度上让人不得不怀疑地方的保护主义起了一部分作用。"

从行业上看，按照国家标准行业分类，我国第一产业、第二产业中除石油石化产品加工等部分制造业、"电力、热力、燃气及水生产和供应业"、"采矿业"外，其他各业都已破除了行政性垄断，市场开放度较高，形成充分竞争的良好局面。第三产业情况就不同了，商业、餐饮服务业开放程度高，竞争充分，"金融业"、"水利、环境和公共设施管理业"、"交通运输、仓储和邮政业"中航空运输、铁路运输以及邮政业中除快递以外的业务，"信息传输、软件和信息技术服务业"中电信行业、广播电视和卫星传输服务，"卫生和社会工作"中医疗卫生和医药业，"文化、体育和娱乐业"中新闻和出版业、广播电视业，如此多的行业依然存在着行政准入审批或者行政性垄断寡头，竞争不充分，行政性垄断问题严重。

3.3　国内外行政性垄断的历史启示

3.3.1　国外历史启示

1. 围绕行政性垄断的斗争，核心是利益共享还是利益独占问题

欧洲革命前夜的专卖制行政性垄断，限制了人民的工商业活动自由，剥夺了多数人的利益参与机会，人为制造了机会不均等。经济权利的不平等，是政治权利、社会生活不平等的反映。因此，破除行政性垄断，实质上是多数人追求机会均等、追求平等权利、要求共享繁荣的利益诉求，是社会的文明进步和历史车轮前进的方向。

2. 行政性垄断不仅是经济体制转轨过程的产物,而且是市场发育起始阶段的产物,还是原有市场面对更广阔市场时的可能产物

从俄罗斯和前东欧转轨国家历史看,行政性垄断曾是这些转轨国家从计划经济体制向市场经济体制过渡时期遇到的问题。从西方国家历史看,行政性垄断出现在封建行会制度逐步解体、向市场经济体制过渡的历史时期,可见一般产生于市场缺乏或市场发展的原始状态,是市场经济体制初建期市场因素有了一定发育但市场力量尚比较弱小的产物。行政性垄断彻底解决的时刻,也就是市场经济体制真正确立的时刻。

同时我们还注意到,欧洲曾出现的重商主义对外行政性垄断,发生在本国市场遇到外国市场之时,美国建国初期州曾经试图实行的地方保护主义,发生在本地市场遇到外地市场之时,且当时它们都已经进入比较稳定的市场经济体制了,并不处在向市场经济体制演化的过渡期。因此,从更一般的角度看,如果我们把欧洲封建行会时期的一个行会理解为一个独立的市场,把转轨国家计划经济体制时期的一个行业、一个地区理解为一个独立的市场,那么一切行政性垄断都可归结为:行政性垄断是市场突破原有边界面对更广大市场时,原相对狭小市场中的主体,受到外来竞争压力,试图依靠行政力量阻止外来竞争者,独占市场盈利机会的自我保护行为,是市场范围扩大过程中原有市场主体尚不能适应的可能产物。

3. 自由竞争文化的确立,是清除行政性垄断的治本良方

从欧洲发达国家历史可以看出,自由竞争的思想文化深入

人心后，通过行政权力封闭市场、限制平等竞争的行政性垄断，不被人民所接受，行政性垄断也就从根本上失去了赖以生存的文化土壤。

4. 联邦或中央政府拥有高于地方的经济管理权，是治理区域行政性垄断的坚实保障

从美国案例可以看出，美国的州虽然有很大权力，包括广泛的社会管理权以及一定程度的立法权，但是，在经济管理权问题上，美国的联邦政府拥有比州政府更加至高无上的权力，特别是不容置疑的跨地区经济管理权，并有相对健全的司法体制作支撑，这是维护国内统一市场的坚实保障。

5. 国家集中配置资源方式，可以受益一时却不能收效长久

从"二战"前纳粹德国的迅速崛起可以看出，"民族社会主义"实践的国家集中配置资源方式，的确使国家在一定时期得到了迅速发展，究其原因，是以国家需要替代社会公众需要的做法同样创造了需求，因而创造了经济增长动力。但是，从纳粹最终失败可以看出，脱离了社会公众真实需求的发展终究无法长久，国家对社会资源集中配置的整齐划一管控方式使发展成为无源之水，其在"二战"后期表现出的结构失衡、强弩之末说明了问题。被外力战败只是表象，"民族社会主义"的国家集中配置资源方式和整个国家管理方式使其最终失败成为必然。

6. 转轨国家制定专门的反行政性垄断法规十分必要

转轨国家在向市场经济过渡的时期普遍制定了反行政性垄

断的专门法规，实践证明，这对于摆脱原有行政力量对市场发展的束缚、克服旧势力、迅速解放市场活力发挥了非常积极的作用。这些国家通过法律对行政性垄断的管制是必要和及时的，虽然未必治理了全部的行政性垄断行为，虽然可能有些行为并不是行政性垄断而被禁止了，但它无疑有力推动了迈向市场经济的转型。

3.3.2 我国近现代历史启示

1. 从洋务运动历史可以看到，行政性垄断短期上增加了国库收入，却无法实现祖国繁荣的梦想，是南辕北辙的政策

洋务运动在中国当时贫穷落后、没有工业、没有资本主义的历史条件下，以"师夷长技以制夷"为目标，以"中学为体、西学为用"、"自强、求富"为口号，创办了中国近代第一批军事工业和民用工业。洋务运动中，清政府为鼓励开办，通过行政手段授予开办者以垄断经营权作为优惠条件，企图使大清帝国尽快强大起来。这一方面增加了清政府的财政收入，另一方面却事实上强制剥夺了后来者的经营资格，限制了社会的广泛参与。进而由于不能实现全民繁荣，给清政府带来的财政收入增加，只能是短期的、直接的、不可持续的，从长期看，反而丧失了允许社会资本广泛参与形成全民繁荣将带给清政府的更多更持久财政收入。因此洋务运动行政性垄断的结果，是表面上一定程度增加了清政府的国库收入，却无法实现祖国繁荣富强的梦想；严重阻碍了民族工业，却强烈刺激了中国资本主义的发展。长期看行政性垄断背离了初衷,是南辕北辙的政策。令人心痛的是,百余年已经过去,已被历史证明错误的这种朴素思想,在今天的认识中仍然能够看到一些影子。

2. 从民国历史可以看到,行政性垄断无助于控制贫富差距,反而形成了新的分配不公——行政性垄断集团与广大人民群众的利益对立

民国初期的"节制私人资本"理念,属于国家垄断而非行政性垄断主张,本意是希望避免自由竞争带来的收入两极分化、贫富对立。然而民国后期的现实经济管理中,并没有建立国有资本平等竞争的格局,而是将国有垄断错误地实践成了少数人的行政性垄断。实践证明,一旦资源集中在少数寡头企业手中即行业集中度过高,则垄断企业的性质是国有还是私营并没有意义,任何一个垄断企业,不论所有制性质,都必然异化出自己独立的、不同于国家利益的小团体利益,蚕食损害国家和人民利益,不可能发挥以其资本实力辅助政权、维护稳定的作用。既人为缩小了社会可供发展的空间,抑制了经济发展,又制造了少数垄断集团与社会大众之间的利益对立,激化了社会矛盾,最终背离了孙中山先生毕生实践的"天下为公"主张,走上了服务一己之私之路。

3. 从计划经济历史可以看到,这一体制包含着行政性垄断的因素但不是行政性垄断

这种行政管理经济、条块分割的传统体制中包含着行业行政性垄断和区域行政性垄断的潜质特征。但是,所有的微观主

体都在各自指定的行业范围和区域范围内活动,每个微观主体都不存在来自行业外区域外的竞争,所以不存在对部分企业限制准入、对部分企业开放市场这一行政性垄断的典型歧视性政策。

4. 从改革开放以来历史可以看到,行政性垄断曾经发挥过积极作用,它是中国渐进性经济体制改革的产物,并非财政分权的必然结果

(1)应当看到,行政性垄断在改革开放初期,曾经发挥了重要的积极作用。①从社会稳定角度看,中国的实践已经表明,改革开放伊始,率先开放的部分行业、部分地区,由于原有企业不适应、民间资本迅速发展、管理当局经验不足,的确受到冲击;而实行行政性垄断行业地区没有受到大的冲击。行政性垄断的实施,的确避免了全国范围同时发生震荡的转轨危险,保持了经济秩序,有功于社会稳定,它是中国渐进式改革成功的重要经验。②从财政角度看,改革开放伊始,百废待兴,各行各业都需要建设,需要投资,都有庞大的资金需求,但国家财政极度困难,拿不出钱来。允许区域行政性垄断,可以看作中央与地方达成的契约,一定程度上是用税收优惠政策换得不用增加财政直接投入,并涵养税源,换取未来更多税收收入;允许行业行政性垄断,可以看作财政部与专业部达成的契约,一定程度上缓解了中央财政对行政性垄断行业的建设投入压力。③从产业和地区发展角度看,在改革开放初期我国各行业、各地区普遍落后的情况下,为了促进有条件的地区率先富裕起来以打破贫困僵局,为了使一些关键产业尽快出现几个

有竞争力的大企业以增强行业实力,国家采用行政性垄断的方式,通过政府力量把国家有限的资源集中配置在重点行业、重点地区,并对业内、域内企业实施排他性保护,的确用比完全依靠市场机制自发调节资源配置短得多的时间实现了经济特区的迅速崛起,从而打破了发展僵局激发了全国活力,的确用较短时间在一些行业迅速塑造了大型企业,快速实现了资本积聚和集中。

(2)行政性垄断是中国渐进性改革的产物,改革的不同步性造成了行政性垄断。①渐进式改革中主要改革不同步。在分配制度、开放市场、政府职能及管理经济方式这几方面相互配套的改革中,由于我国分配制度改革从而人们的逐利倾向先于全面开放市场改革,而政府职能、部委"条条"和地方"块块"管理经济的模式、行政手段直接管理经济的方式调整最为缓慢,这样,尚未开放行业中企业的逐利动机与政府条块分割以行政手段直接管理经济的方式相结合,产生了行政性垄断。②渐进式改革中各行业各地区的市场开放进程不同步。改革开放的最初动机在于提高人民的生活水平,摆脱贫穷,过上富裕的日子。所以改革开放之初,受到改善人民生活的迫切推动,零售、餐饮、日用品制造业等最先取消了计划经济体制下中央主管部委和各级地方商业局对经营的管控,最先开放。其他行业的开放进程晚于上述生活服务和轻工业,计划经济体制下中央主管部委和各级地方局以审批实施管理的传统方式仍在继续沿用没有改变。对于已开放的行业来说,进入那些原有管理方式仍在起作用、未完全开放市场的行业,需要经过行政审批,存在进入壁垒,由此产生了行政性垄断。改革开放在地域上也是逐步推进的。可见,就过程而言,行政性垄断是各地区各行业开放进度步调不一致、有先有后形成的。

（3）财政包干推动了行政性垄断，但行政性垄断却并非财政分权的必然结果。从1980年财政包干体制起，我国财政开始实行中央与地方分权改革。财政包干体制中一些制度设计把地方利益与本地企业的命运绑在一起，使本地企业经营状况直接关系到地方政府财政收入及官员业绩，导致地方政府纷纷重复投资发展短平快、价高利大的加工工业以增加财政收入，封锁区域市场，实行地方保护主义。但是，这并不能说明财政分权与行政性垄断存在因果联系。财政分权在强化地方财政约束的同时虽然必然促进地方的利益觉醒，但并不必然导致行政性垄断：其一，财政收入是为了满足财政支出，如果财政分权使地方政府获得充分的保障事权的财力，则地方政府不会有此强大动机追求收入；其二，地方政府通过行政性垄断来增加财政收入，说明在财政制度中存在一个制度安排，使地方政府财政收入与封闭市场呈正相关，或者说与开放市场呈负相关，这才是地方政府在资金短缺情况下纷纷采取行政性垄断的关键性因素，而央地财政分权改革本身并不必然导致地方政府财政收入与开放市场呈负相关。事实上，财政包干体制只是传统体制和思维模式下特殊的分权形式，是包产到户、企业承包制朴素思维简单嫁接到财政的运用，财政包干体制及此后的财政体制，除了财政分权以外，的确隐藏着计划经济遗留的其他重要制度因素，利于地方保护却一直未被修正。找到这个制度，将其调整为地方政府财政收入与开放市场呈正相关或零相关的设计，即建立二者激励相容的机制非常重要。这些将在第4章分析行政性垄断原因时详细阐述。

5. 从近现代以来我国行政性垄断的历史轨迹可以看出，这一体制具有很强的历史传承

一是思维传承，今天行政性垄断的思维理念，有些仍然带有洋务运动、民国时期的色彩；二是体制传承，今天行政性垄断的客观局面，与计划经济体制具有一定的传承演变关系。

第 4 章

行政性垄断原因分析

造成行政性垄断的原因是多方面的。第 3 章中我们已经对产生行政性垄断的历史原因做了分析，从产生看，行政性垄断是我国渐进性经济体制改革中多重不同步性造成的。但行政性垄断延续至今未被消除，是由于目前仍然存在的现实原因，包括观念上、管理体制上的原因等，本章对这些现实原因进行分析。

4.1 观念原因

当前我们实行行政性垄断的许多观念，都有前述洋务运动时期、民国时期、计划经济时期思想认识的传承痕迹。

4.1.1 维护国家安全稳定的考虑

这种观点认为，开放某些"重要部门"将危害到经济安全和社会稳定，因而认为从维护安全稳定出发，某些"重要部门"不能开放。例如银行业，有人认为如果放开，有可能发生银行经营不善、恶意欺诈、存款到期不能兑付等情况，引发系统性金融风险，由此带来的公众利益受损可能演变成社会不稳定因素。再比如广播电视业，有人认为这些宣传工具必须牢牢控制在政府手里，否则将危及社会稳定与安全。出于维护国家安全利益，要实行国家对资源和关键产业的掌控。

4.1.2 维护大众利益的考虑

这是"节制私人资本"理念的延续。该观点认为，私人资本经营国计民生行业必然通过抬高商品价格、剥削消费者利益来获取暴利，消费者的正当权益将无法得到保障，社会还将出现贫富分化，从均贫富保民生、维护消费者和大众利益的角度，国家要介入国计民生行业。但这一观点在具体实践中，如果没有建立国有企业自由准入、平等竞争的体制，没有对行业外区域外的其他国有企业开放市场，而实行少数企业排他地独霸市场，使小团体垄断国家大市场，则混淆了国家垄断与行政性垄断的认识，将国家垄断错误地实践成了行政性垄断。

4.1.3 维护国有企业主导地位的考虑

一些坚持传统社会主义经济观的人们认为，国有经济的主导地位是社会主义制度的重要特征，在社会主义社会，国家应当充分发挥国有企业的作用，实现对经济的管控，认为在社会主义国家国有企业与民营企业本来就不是平等的，应当赋予国有企业一定的优先权，这是保证国家的社会主义性质的重要经济基础，是"中国特色"所在。但问题是，如果把维护国有企业主导地位理解成指定一家或几家国有性质的企业实行垄断经营，或者想维护的只是少数特定国有企业而不是全部国有企业的主导地位，则实际上维护的不再是国有制利益而是小团体利益，国家垄断理念转化为行政性垄断理念。

4.1.4　集中资源促进产业发展的考虑

这种观点认为，行业中众多市场主体开展竞争，造成了"小"、"散"、"过度竞争"，由此导致多败俱伤、企业亏损；认为合并企业、集中资源，可以避免过度竞争，可以做大做强企业，促进产业发展。在实践中，这一观点表现为通过行政手段合并企业，并通常辅之以设置行政壁垒阻止新企业进入市场参加竞争的做法。

4.1.5　获得财政收入的考虑

无可否认，获取财政收入是不少地方政府或行业主管部委实行行政性垄断的主要动机之一。尽管这些收入有些纳入了一般公共预算，有些纳入政府性基金预算，事实上由行业主管部委掌控，有些以自有资金形式出现，只列入单位财务收支预算，游离于财政部门掌管范围，但都是政府性收入，属于广义的财政收入范围。

4.2 政府职能和行政管理体制原因

4.2.1 政府职能尚未清晰界定

政府与市场的职能边界划分不清晰、各级政府之间的职能不清晰,导致政府事务不断增加,既加重了地方政府的财政收支矛盾,也创造了实行行政性垄断的手段和条件。

1. 政府与市场职能边界不清

政府应当承担哪些事权?计划经济体制下与市场经济体制下有重大差别。计划经济体制下,政府无所不包;市场经济体制下,按照市场经济国家通常的做法和公共财政学理论,政府活动范围主要应限定在提供公共物品领域,解决"市场失灵"问题,凡是市场能够解决好的,政府不要出面干扰,即"市场优先"原则。但我国迄今为止没有关于政府职能的明确规定,这种局面使得政府出于责任意识很容易大包大揽,对市场机制、市场主体越权行事。民间私人借贷,政府定利率;股市波动,政府救市;企业生产产品过剩,政府清理;市场供求结构失衡,政府一马当先……尽管我们已初步建立了市场经济体制,但我们在经济生活的任何角落都能看到政府忙碌的身影。政府承担着一些不该管、管不了、管不好的事,直接干预微观经济活动,宏观管理也存在着微观化倾向。政府为市场主体承担着无限责任,政府是非常负责的,但这样过于负责,反而一定程度影响了市场机制的构建和独立决策的市场意识形成，以至于在我们这个市场经济国家，有困难仍然是"找市长"而不是"找市场"；以至于我们国家政府的事权与财力存在着很大的矛盾，这是财力缺口常态化的根源。同时，政府这种活动范围的广度深度，政府对经济生活的深度介入，特别是中央政府要求各级地方政府承担抓经济的责任，也使之自然获得了一部分代替微观主体判断市场形势、做出经营决策的权力，政府取得了微观主体的部分经营决策权，这直接为一些行业主管部委和地方政府实行行政性垄断提供了体制基础。改革开放之后，我国已实行过大小七次政府机构改革，从以往改革情况看，难以走出"膨胀—收缩—膨胀"的怪圈，关键在于没有削减政府管理经济活动的范围，没有把机构改革同政府职能转变结合起来。编制压缩了，机构撤销了，但无论哪个领域出了什么情况，政府都要去灭火、救火，压减的编制和机构就必然而且必须再恢复起来。

2. 各级政府间事权划分不明

中央和地方关系包括经济、政治、社会、法律等多层次的动态关系，其中经济关系处于核心地位，而财政关系特别是分税关系又是经济关系的核心。均衡的中央地方关系能够使中央和地方相互输出和接纳信息，能够发挥中央和地方两个积极性，但长期以来，我国中央地方关系一直没有达到理想的均衡状态，这与制度安排上的缺陷密切相关。目前政府与市场的事权划分尚无明确法律规定，中央与地方政府之间的事权划分也无明确规定。《宪法》规定的原则是："中央和地方的国家机构职权的划分，遵循在中央的统一领导下，充分发挥地方的主动性、积极性的原则。""（国务院）统一领导全国地方各级国家行政机关的工作，规定中央和省、自治区、直辖市的国家行政机关的职权的具体划分。""地方各级人民政府对本级人民代表大会负责并报告工作。""地方各级人民政府对上一级国家行政机关负责并报告工作。全国地方各级人民政府都是国务院统一领导下的国家行政机关，都服从国务院。"这种情况可以大致理解为地方政府受同级人大和上级政府的双重领导。由于地方政府的权力一部分来自上级政府的授权，上级交办事务必须去做，也就不存在各级间明确的职责划分了。于是上级政府开展工作的主要方式成为逐级向下布置任务并督查，越往下面事务越多，从发展经济、落实改革，到治理环境、疾病防治、残疾人保障、防火防盗，地方政府承担着自身和上面布置的任务，甚至属于中央政府事权的外交职能，例如在某个地方召开国际会议或举办国际性活动，也少不了省、市、县各级政府同时参与，上级政府越有作为，下级政府就越忙。各级政府事权趋同，没有分工，同时忙一件事，工作重复，繁忙但效率不理想。

总之，政府与市场事权界限不清，使政府承担了许多本属于市场调节范围的事务；上下级政府间事权不明，使上级政府把从市场挤占的事权，不断加到下级政府身上。整个政府的事务不断增加，层级越低的政府负担越重。一方面，开展繁重工作出现了资金缺口，收支矛盾突出；另一方面，政府对市场的越界行事，对市场决策的干预替代，又创造了实行行政性垄断所需要的条件。

4.2.2 条块分割管理经济的组织架构

从管理组织体系看,纵向上,我国实行五级政府体制,中央—省级—地市级—区县级—乡镇级,各级政府职能趋同,包括乡镇政府都承担着本辖区经济管理职能,这种块块管理,非常便于压实责任,但也必然同时赋予了各级政府直至最基层政府分割控制市场的权力;横向上,按照行业设置管理监督机构,每个专业部、局掌管一个或几个行业,不但传统行业由计划经济体制时期的部委管理,就连改革开放以来出现的新兴业态如互联网电子商务等,也非要为其找到一个部委作为"主管部门"进行条条管理,全国各产业处于分别归口众多部、局管理的碎片分割局面,无法实现各产业统筹兼顾。这种条块分割的管理体制,这种旧有的管理思维和管理方式,必然造成行业本位主义和区域本位主义,直接造就了行业和区域行政性垄断。

事实上,改革开放 40 年来这一条块分割体制没有改变,背后原因是我们的一些管理者还没有完全适应市场经济的发展,未跟上时代变革的脚步,的确存在管理能力不足的风险。部分管理者如果不找到一个行政上的"牵头单位",使其承担全部责任作为"抓手",便不会管理,不知如何管理。此类情况在目前实际管理工作中比较普遍。例如:2017 年某管理机关印发通知,要求已与各部委脱钩的行业协会商会腾退其使用的行政办公用房,文件规定,"协会的原业务主管单位是行政办公用房腾退的主体责任单位,要高度重视,认真落实主体责任,指定专门负责同志",这一要求原业务主管单位承担主体责任的规定，缺乏法律依据，且又将已脱钩的二者重新拉到了一起，似乎不找到一个在体制内承担责任的管理单位，这些工作就无从落实。实际上，该文完全可以面向社会直接对各个已脱钩的行业协会商会发布，提出限期腾退要求，规定处罚措施，申明法律责任。

4.2.3 倚重行政手段管理社会经济

从管理方式上看，目前以批代管的行业领域仍然很多，主要侧重市场准入管理，如广播电视、新闻出版、金融保险、矿产采掘等，都需要经过行政审批得到授权才可以开办，而对微观主体进入市场后实施的生产行为、流通行为的合法性疏于监管。即使在开放程度高的竞争性行业，如制造业，管理者也存在着对行政手段的路径依赖和偏好，喜欢用行政方式命令企业，动辄采用行政约谈、行政处罚、停业整顿、强制关闭等行政手段解决问题，而对经济手段、法律手段使用起来就不那么灵活了。行政手段与行政性垄断具有十分密切的关系：其一，运用行政手段通常需要限制市场主体的数量，这是因为行政手段的实施过程是行政机关直接对接市场主体的过程，市场主体数量越多则管理者与市场主体对接难度越大，行政手段越不可行，我们有时会听到一些官员抱怨行业或辖区内企业多不好管理，其实是不好使用行政手段管理，而人为限制企业数量的做法往往就是行政性垄断行为；其二，行政手段对市场主体、市场行为的直接深度干预，为行政性垄断提供了条件，使实施行政性垄断成为可能。

4.2.4 业绩考评体系不够科学

在我国，上一级政府要对下一级政府的政绩进行考核评价，因为虽然我国宪法规定各级政府对同级人民代表大会负责，但也同时规定国务院统一领导全国各级政府的工作。上级政府还决定着下级政府官员的发展。

改革开放以来到目前为止，上级政府关心的下级政府业绩内容中，地方经济发展情况是一项十分重要的因素。虽然我们国家早已开始强调经济社会协调发展，强调可持续发展，强调环境保护，强调以人为本的发展，但在所有这些指标中，地方经济发展业绩的分量一直是最重的。

而地方政府经济发展业绩目标的实现依赖于企业。GDP 指标的完成、财政收入的增加、就业人口的安置都离不开企业支持。如果辖区内都是来自行政边界之外的企业，地方政府将一定程度地失去对这些企业的控制，上级关注的那些业绩将受到影响。因此，地方政府通过行政手段封锁市场等方式对本地企业给予的行政保护，本质上是对本地企业的投桃报李，也是对自己的支持保护。

4.3 财政原因

4.3.1 地方收支压力增加

前面第 1 章、第 3 章提到一些观点认为 1994 年分税制改革是造成地方财力不足的根源,进而导致地方政府实行行政性垄断。但笔者认为,地方财力不足矛盾是在1994年分税制改革完成以后数年才愈演愈烈的。实际上,20世纪90年代后期开始,与各级政府繁忙程度明显加大、事务增加形成反差的是,近20年出台的一些政策措施具有减少地方财政收入的效应,包括取消农业税、规范收入管理等政策。因此,是地方政府事务与地方财政收入的不平衡发展,导致了收支矛盾。

1. 地方主体税种萎缩

2003年我国将个人所得税由地方税调整为中央地方共享税;2006年实行农业税改革,作为地方税种的农业税被取消;2016年营改增全面实施,作为地方税主力的营业税退出历史舞台。目前我国地方税种有10个:城市维护建设税、资源税、印花税、契税、房产税、耕地占用税、城镇土地使用税、土地增值税、车船税、烟叶税。一是地方缺乏主体税种的问题较前些年更为突出;二是从构成上看,目前剩余的地方税种,与建设投资和资源相关的占有很大比重,既推动了地方政府鼓励企业盲目扩大投资规模,也由于多为一次性收入而很不稳定。这种局面与地方政府承担的事权极不对等。傅志华《国外地方税收制度及其借鉴》指出:"地方税收制度,是实行分税制财政体制国家税收制度的重要组成部分。在发达国家和地区,由于普遍实施分税制财政体制,历来十分重视建立相对独立的地方税收制度。不仅美国、加拿大、德国这些联邦制国家在州级政府及州以下地方政府都建立了相应的税收制度,而且日本、法国等单一制国家在中央税收制度之外,都有一套完整的地方税收制度。"①

2. 地市以下政府没有独立的收入来源

目前我国只在中央和省之间建立了分税制财政体制，地方政府之间尚未建立分税制。地市以下政府没有自己独立的收入来源，它们可以自己留用的财政收入和需要上缴上级的财政收入数额，在很大程度上取决于与上级政府的博弈，处于非常不利的地位。当然，地市以下没有建立分税制，也与我国政府层级过多有关。目前世界上多数国家都是两级或三级的政府层级设置，我国为五级，层级过多给税种划分带来相当大的困难。

3. 财政收入管理政策在关闭"后门"的同时没有开放"前门"

从1999年开始的本轮财政预算管理制度改革，先后实施了部门预算改革、国库集中收付改革、政府采购改革、收支两条线改革、预算外收入纳入预算内改革、规范津贴补贴改革、政府购买服务改革等，一直持续到现在。本轮近20年财政预算管理制度改革，每一项都剑指不规范管理，剑指随意性，可以说"规范化"是其核心要义。这一系列立足于"规范化"的改革，确实封堵了许多不规范的"后门"，但是在开"前门"上做得远不如堵"后门"多。

高培勇《中国税费改革问题研究》将我国各级政府拥有

---

① 傅志华：《国外地方税收制度及其借鉴》，载于《预算管理与会计》1996年第2期，第47页。

的全部收入划分为"预算内收入"(依法取得)、"预算外收入"(依规取得)、"制度外收入"(各地区、各部门自定收入,包括集资摊派、政府创收等)三类。① 本轮改革实施前夕,1996 年制度外收入 5979.71 亿元,② 同期全国预算内收入仅 7407.99 亿元,③ 制度外收入与预算内收入的比例达到 0.8∶1(见表 4-1)。

表 4-1　　　　1988~1996 年中国制度外收入情况表　　　　单位:亿元

年份	制度外收入
1988	831.70
1989	860.92
1990	1051.02
1991	1490.81
1992	2186.87
1993	3141.36
1994	4971.30
1995	5365.57
1996	5979.71

资料来源:《中国税费改革问题研究》。

除了制度外收入,还有大量预算外收入用于各级政府支出,支撑政府运行(见表 4-2)。

---

① 高培勇:《中国税费改革问题研究》,经济科学出版社 2004 年版,第 80~82 页。
② 高培勇:《中国税费改革问题研究》,经济科学出版社 2004 年版,第 82 页。
③ 高培勇:《中国税费改革问题研究》,经济科学出版社 2004 年版,第 100 页。

表4-2　　　　　　　1988~1996年中国预算外收入情况表　　　　单位：亿元

年份	预算外收入
1988	2360.77
1989	2658.83
1990	2708.64
1991	3243.30
1992	3854.92
1993	1432.54
1994	1862.53
1995	2406.50
1996	3893.34

资料来源：《中国税费改革问题研究》。

笔者认为，这些制度外收入、预算外收入，不少是在20世纪90年代之前国家经济基础薄弱、财政拮据的时期，财政拿不出足够的建设和运转经费而允许各部委、各地方自行组织的收入，即在政策上开口子的变通措施。本轮财政预算管理制度改革只将一部分预算外收入编入预算予以保留，将全部制度外收入和一部分预算外收入予以取消，这一方面规范了财政管理，另一方面也减少了政府收入特别是地方政府的收入，使地方政府出现很大经费缺口。

为了解决地方政府财力与事权的矛盾，中央财政做出了一些努力，加大了对地方的转移支付力度，目前中央本级财政收入虽然占全国财政收入的50%，但中央本级财政支出只占全国财政支出的20%~30%，另外20%~30%都通过转移支付给了地方，地方政府财政支出占到全国财政支出的70%~80%。对于仍未解决的缺口，地方政府为了满足资金需要，便"自己动手、广开财路"。由于地方政府承担地方经济管理职责，最简便的办法便是使用行政管理权力，通过地方保护主义获得所需财政利益了。这使地方政府建立融资平台举借债务的情况明显增多，通过行政手段整合本地企业、树立行政性垄断寡头、加强对本地企业控制的情况明显增多。例如：2007年山西省组建山西煤炭运销集团公司，统一负责山西省内煤炭生产运销，注册资本101.56亿元，下设11个市级子公司、98个县级子公司、165座煤矿等。集团实行"12345"发展思路，其中"1"指一个切入点，即"依靠地方政府支持"、"反哺、服务和发展地方经济"。与组建该集团时间巧合，2007年山西省加强了对煤炭运输和生产的行政审批：发布《关于〈山西省煤炭铁路运输计划审批程序〉的补充通知》，规定"所有在山西境内通过铁路发运煤炭的'铁路货物运输服务订单'必须经山西省煤炭销售办公室审核、签章，并通过山西省煤炭销售办公室专用网络传输至有关铁路局。签章后的'铁路货物运输服务订单'由山西省煤炭销售办公室留存备查，铁路部门不再受理。未经山西省煤炭销售办公室审核签章的'铁路货物运输服务订单'不得传输报送铁路部门"，以行政手段控制煤炭运输；同时山西省领导公开宣布，山西煤矿2007年产能产量实行零增长，"要求全省煤炭、国土资源等有关部门一定要严格控制新上煤矿项目、探转采项目、技改扩能项目的审批"，通过管控数量，以行政手段阻止新企业进入市场。该集团2011年向山西省上缴税收和利润100多亿元。

4.3.2 税收制度的缺陷

前面第 1 章、第 3 章分析中提到，对于认为 1980 年以来以财政包干为起点的财政分权强化了地方利益，导致行政性垄断的观点，笔者认为，财政分权在强化对地方的财政约束同时的确促进了地方的利益觉醒，但是把地方利益与行政性垄断紧密连接在一起的，存在另外一个重要的制度设计。原因是：其一，从实证分析的角度看，世界上许多国家都实行财政分权，却没有因此产生行政性垄断；其二，地方利益觉醒并不必然导致行政性垄断，从激励相容原理角度看，一定存在一个重要的制度设计将地方利益与行政性垄断关联在了一起。

这个重要的制度就是税收制度。企业所得税制度存在的两大缺陷推动了行政性垄断：按照行政隶属关系和注册地确定重要税收归属的制度，以及随后巨型央企所得税由中央独享的制度，造成了设立本地企业、保护本地企业与地方财政收入的正向相关，成为区域行政性垄断的重要原因。因此，问题并不出在财政分权本身，而是出在如何分权即分权中的制度设计上。

1. 以行政隶属关系、注册地决定企业所得税归属的制度

1980 年实行的财政包干体制中，除了在中央与地方的关系上增强地方财政的责权利即实行财政分权外，还隐藏着另一个十分重要的制度设计：把划分收入的依据定为单位隶属关系。这意味着企业利税仅上交给其行政上从属的地方政府，直接上无益于甚至有损于产品销售地、经营活动地的财政收入。这一制度的思维带有浓厚的计划经济色彩，完全没有考虑到经营活动和企业产品必然逾越行政区划的特性。1994年分税制改革时，在企业所得税上基本延续了这一制度，将企业所得税按隶属关系划分收入归属，规定中央企业所得税作为中央固定收入，地方企业所得税作为地方固定收入，把企业所得税利益继续在中央和拥有企业的地方之间进行分配，把企业经营活动地、产品销售地继续排除在利益分享范围之外。按隶属关系决定税收归属的制度，导致地方政府保护本地企业的利润和本地财政收入，以行政手段对外地企业、外地产品封闭本地市场。

2001年，《国务院关于印发所得税收入分享改革方案的通知》废止了按企业隶属关系划分所得税收入归属的办法，改为不论中央还是地方企业的所得税都在中央和地方之间按比例分享。但是，该制度规定的参与分享税收地方是企业注册地，也就是说，只是将受益地方由原先的企业隶属地调整成了企业注册地。由于是在中央与企业注册地方之间分享所得税，仍然没有涉及经营活动地、产品销售地，对于地方政府而言，在本地注册的企业才能带来所得税利益，在本地经营而未注册的外来企业以及在本地销售的外地产品不对本地产生所得税利益，因此，仍然继续刺激着地方政府保护本地注册的企业以及本地产品。

2. 巨型央企所得税由中央独享的制度

2001年，《国务院关于印发所得税收入分享改革方案的通知》在废止了对企业按中央地方隶属关系划分所得税收入归属的办法同时规定政策性银行、四大国有商业银行、铁路、邮政、中石油、中石化的所得税全部归属中央,这意味着包括四大商业银行在内的上述大型企业在地方经营活动,对经营地的地方政府税收收入没有任何贡献。此政策一出,对地方政府形成了强大的逆向激励,地方政府纷纷建立隶属于自己的银行,同时通过业务范围行政审批,对外地银行进入本地市场设置种种障碍。一时间,江苏银行、浙江银行、甘肃银行等省级政府背景的银行纷纷登场,承德银行、烟台银行、哈尔滨银行等市级政府背景的银行转眼遍地,发起了一场保护本地税收利益的争夺战。

4.3.3 行政单位自筹收入改革不彻底

按照《财政部关于将按预算外资金管理的收入纳入预算管理的通知》,2011年起,中央部门预算外收入,包括主管部门集中收入、捐赠收入等,在预算中进行编制,使用时仍用于上缴部门的相关支出。这种方式虽然将预算外资金收入编入预算,却未阻断行政单位收入与支出之间的联系,偏重于形式,收取的资金仍由行业主管部委支配使用,使主管部委管理行业时难免仍更多出自对行业利益而非国家利益的考量,一定程度维护了行业保护主义,政策效果打了折扣。

事实上,早在2009年,段国旭、成军、朱云飞、马洪范、梁季的《推进我国非税收入规范化管理研究》已提出"未实现'收支脱钩'","部门预算中'两张皮'问题尚未根本解决"。[①]

---

① 段国旭、成军、朱云飞、马洪范、梁季:《推进我国非税收入规范化管理研究》,引自齐守印、王朝才:《非税收入规范化管理研究》,经济科学出版社2009年版,第29页。

遗憾的是目前仍未解决。

4.4　利益集团的存在

无论是对某个企业给予订单优先，还是通过准入审批保护业内域内企业，或是查处外地产品，一部分行政性垄断行为背后与利益集团的存在有关，与地方政府官员、行业主管部委官员和企业的不正当关系相关。在这种情况下，受到行政性垄断保护的有国有企业，但私人企业更加普遍。

4.5　反行政性垄断法律和执法机构缺失

排除行政势力对市场自由配置资源的干扰，对于成功建立市场经济体制尤为重要。转轨过程中的俄罗斯、东欧国家都制定了专门的反行政性垄断法律，以保障市场机制发挥作用。从1992年邓小平南方谈话算起，我国市场经济体制改革已26年，但到目前为止没有一部专门的反行政性垄断法律，仅在《反垄断法》第五章做了较笼统的规定，也没有规定操作程序和罚则，不具备可操作性，不能不说是一大遗憾。这种法律上的缺失，使实行行政性垄断的地方政府和行业主管部委并没有大的风险责任。

我国的各类管理、监督、监察机构数量不少，但长期以来一直没有一个专门机构负责查处垄断行为，以保障公平竞争、维护市场秩序，与我国市场经济国家的身份不相称。2018年以前近似的职能分散在国家发展改革委、商务部、工商行政管理总局等单位，由于职能分散，通常不主动开展工作，只在国务院提出专项整治要求时开展。2018年机构改革在这方面迈出了步伐，组建了市场监督管理总局，但与反行政性垄断的客观要求相比仍有距离：一是该局作为国务院的直属机构，与国务院组成部门、省级地方政府是平级单位且同属行政序列；二是该局还承担着反垄断以外其他不少职能，如工商登记、信息公示与共享、产品质量安全、计量标准、检验检测、认证认可等。这些特点决定了它更适合监管一般性市场活动和私营企业的经济垄断，而在纠正行业主管部委和地方政府行为，监管行政性垄断、自然垄断、大型国有企业经济垄断方面不是强项。

4.6 文化渊源

4.6.1 古代文化渊源

在东西方，关于政府与社会公民关系的理念以及政治与经济的关系有所不同。西方传统思想具有家庭本位特点，家庭和个人在社会中具有较强的独立性与自我意志，具体到经济活动，崇尚个体自主管理，把什么是财富的源泉、怎样增加和获得财富作为关注点，只有在个人和家庭面临无法解决的困难时才需要政府出面，经济与政治基本上是平行的。中国传统思想具有国家本位特点，国家管理居主导地位，个人活动围绕国家活动目标进行，"齐家、治国、平天下"，反映到经济中，存在着比较强的把国家意志国家利益形成法定经济政策和统治制度的政策主张和行动，经济基本上是从属于政治的。

在我国历史上，国家本位主义在实践中有时会具体表现为建立强有力的官营工商业，对部分经济活动实施排他经营。随着市场经济在中国的发展，行政性垄断得到了一定程度的破除，但行政性垄断仍然严重，特别是产生行政性垄断的思想根源仍然发挥作用，并可能影响到整个社会经济的管理方式。

然而，中华传统文化、马克思主义哲学、亚当·斯密"看不见的手"、黑格尔辩证法等，都深刻揭示了世界的辩证性质，由于辩证法则的存在，目的与结果往往是不一致的，因此才有"为无为，则无不治"、[①]"后其身而身先、外其身而身存"[②]的智慧方略。中外历史已经反复证明，任何社会，只有建立在社会公众真实需求基础上的发展强盛才是稳固持久的；唯有"生而不有、为而不恃"[③]地以社会公民为本位，国家利益方能从中实现。这或许是汉唐初期实行休养生息政策的原因，才有随后的辉煌；以政府替代社会进行资源配置，结果是通过社会公众利益的损失，最终损害国家的长远利益。这是我们反对行政性垄断、努力构建规范健康市场经济体制的重要原因。

4.6.2 近代文化渊源

近代的中国，饱受列强欺凌。中国人迫切希望改变自己受

---

① 老子：《道德经》，第三章。
② 老子：《道德经》，第七章。
③ 老子：《道德经》，第二章。

欺辱的局面，希望尽快强大起来。从洋务运动的寡头垄断，到国民政府时期四大家族垄断，再到现在中国石油石化、中国神华、国电投、中远海运在各自行业的行政性垄断，这种打造超级航母的做法和思维方式，来自鸦片战争以来民族屈辱近代史的影响，民族心态对落后挨打的深刻忧患，迫切希望改变弱势地位，在这种心态下，迫切期望一跃而大，容易忽视循序积累，以赶超为目标，求大、求新。

第 5 章

行政性垄断的宏观影响机理

如果说,在改革开放伊始,给予一些行业地区特殊优惠政策和利益保护有利于破冰开局,那么在社会活力已被调动起来之后,再对部分行业地区用行政手段加以封闭保护就没有存在依据了。这不但违背了公平竞争的市场精神,而且,用行政手段封锁市场保护企业打造的行政性垄断企业航母,虽然规模巨大,资本雄厚,但由于未经过竞争的磨炼洗礼,往往官气十足,机制僵化,管理落后,效率低下,是个华而不实的虚胖子。关于垄断企业低效率的问题,美国哈佛大学教授勒伯斯坦曾提出"X无效率"的概念,他指出,垄断企业面临的市场竞争压力小,内部层次多,关系复杂,机构庞大,加上企业制度安排方面的原因,使企业费用最小化和利润最大化的经营目标难以实现,导致企业内部效率降低。不过,微观效率并不是本书关注的重点。本书重点关注的是,由于行政性垄断是一项资源配置制度,属于基础层面的制度,影响远不止于其存在的行业和地区本身,必然通过经济系统中各种内在机制的传导,对国民经济各方面施加广泛而深入的影响。本章将分析行政性垄断的资源配置机理,即对国民经济如何产生影响以及产生了怎样的影响。

5.1 行政性垄断对经济运行的影响

行政性垄断对宏观经济施加影响的主要过程可概括为BME传导机制,其中:B(Basis)指基础制度,在这里主要是行政性垄断;M(Market)指市场机制,主要是供求机制;E(Economy)指经济表象,主要是经济总量、速度、结构、质量等。行政性垄断作为一项扭曲的基础制度,是通过市场机制特别是供求机制的作用,在经济系统中经过传导,造成资源错配和国民经济整体运行的扭曲,最终表现为总产出损失、结构失衡、产业结构高级化困难、经济质量不高等经济现象。具体如下:

5.1.1 行政性垄断对经济增长的影响

行政性垄断人为缩小了经济发展空间,限制了经济总量,抑制经济增长。一些行业和地区禁止在现有行政性垄断寡头企业以外新开办企业、禁止其他行业地区的企业进入业内域内开展经营的做法,人为阻止了符合社会需求的生产,减少了可供投资和就业的领域,使整个国家的产出即经济总量低于均衡水平。这是资源的浪费、效率的净损失。

5.1.2 行政性垄断对供给结构的影响

行政性垄断在国民经济供给侧中的传导机制是壁垒—经济结构传导机制。行政性垄断通过壁垒机制阻碍要素流动,造成了产业结构、产品结构失衡和区域分工不合理。

1. 壁垒机制阻挡资本、劳动力等要素按经济规律移动配置,造成供给过剩与供给不足同时并存的畸形局面

配第—克拉克定理指出,随着生产力的发展和第一、第二产业劳动生产率的提高,其生产相同数量甚至更多数量的产品不再需要原先那么多的投入,因此资本和劳动力不断由第一产业向第二产业、进而向第三产业转移。我国经过 40 年改革开放,其一,在劳动生产率方面,第一产业和第二产业中的各行业基本已完全放开,劳动生产率空前提高,经济获得长足发展,在客观上已达到了劳动力向第三产业大量转移的阶段;其二,在生产生活需要方面,40 年改革开放使生产和人民生活水平显著提高,客观上对为生产生活服务的第三产业供给数量和质量提出了更多更高的需求,迫切需要金融服务、信息通讯等能够相应发展,需要它们提供更大量、更丰富多样的产品和服务。

但是,由于我国行政性垄断行业主要集中在第三产业,电信、铁路、金融、保险、能源、广播电视、医疗卫生等均存在审批封锁、进入壁垒,阻挡了社会资本和劳动力向其转移,一方面使其得不到应有的充分发展;另一方面使改革开放以来积累起来的大量资本和剩余劳动力滞留于第一、第二产业,尤其是开放程度较高的制造业继续从事生产和经营,这造成了以第

一、第二产业为主体的竞争性行业供给增长过快和以第三产业为主体的行政性垄断行业生产发展滞后、供给增长缓慢同时并存的局面。最终我们看到：竞争性行业特别是其生产的低端产品产能严重过剩，库存积压，行政性垄断行业产品服务严重不足、质量不高，远不能满足需要，以至于要推行去产能、去库存、去杠杆、补短板的供给侧结构性改革。事实上，这种结构性矛盾在改革开放之后多次出现，是我国经济中的顽疾，而其背后正是壁垒机制使全部行业日益分裂为竞争性行业和行政性垄断行业两大类这一深层次体制原因。供给过剩与供给不足同时并存的状态，正是存在行政壁垒割裂市场、阻隔要素流动的典型表现。

这也是我国三次产业结构不合理的主要原因。白景明在《深化经济体制改革的背景、地位及目标——十八届三中全会精神解读》中指出："我们的三个产业之间还存在着结构的不合理，突出的表现就是我们第三产业的比重比经济发达国家低很多，现在第三产业的比重在45%的水平，发达经济体第三产业的比重在60%～70%。从就业结构来说，第三产业全部就业人数占的比重我们现在不到40%，差不多37%的水平，而发达经济体第三产业占比一般是在70%左右。"[①] 我国第三产业的比重长期偏低，发展滞后，不仅使第三产业没有发挥出对经济增长的带动作用，而且制约了第一、第二产业的发展。而这背后的深层次原因正是行政性垄断行业主要集中在第三产业，在行政封闭下未得到应有发展。

---

① 白景明：《深化经济体制改革的背景、地位及目标——十八届三中全会精神解读》，宣讲家网/报告/文稿/政治，2013年。

2. 壁垒机制阻碍了区域间合理分工，造成地区产业结构趋同、小而全等顽疾

壁垒机制阻挡了外地质优价廉产品进入本地市场，首先，使本地不具备竞争优势的产品得以保存下来继续生产，而具备竞争优势的外地质优价廉产品，由于得不到应有的市场空间而无法继续发展，壁垒机制成功实现了"劣币驱逐良币"；其次，使生产劣质产品的企业获得了比自由竞争状态下更多的销量从而利润，而生产优质产品的企业无法获得在市场自由配置资源时应当达到的销量，从而人为改变了利润流向，使资源出现错配。从全国角度看，各个地区这种"劣币驱逐良币"，保护辖区内落后产品或者不具竞争优势产品的做法，造成了各地区产业结构小而全且高度趋同，没有区域分工，这不利于在全国范围内按地区比较优势进行分工协作，不利于降低产品成本提高产出效率。

3. 供给侧影响机理启示

综上可见，行政性垄断的壁垒机制阻隔了要素在行业间地区间按经济演进规律和效用最大化原则流动，是造成我国供给过剩与供给不足同时并存、产业结构不合理、地区结构高度趋同的结构性矛盾顽疾的重要体制原因。

5.1.3 行政性垄断对需求结构的影响

行政性垄断在国民经济需求侧中的传导机制是：供求价格机制—收入分配—消费结构传导机制。

1. 我国行业地区间收入分配差距现状

根据 2017 年 1 月 20 日国务院新闻发布会上国家统计局公布的数据，2016 年中国基尼系数为 0.465。[①] 国际公认的风险警戒线为 0.4，我国多年来基尼系数一直在风险警戒线上方运行，收入分配极不均衡。这其中行政性垄断造成的行业和地区间收入差距过大是原因之一。

从行业看，行业间收入差距持续扩大。2015 年，全国职工平均工资为 62029 元，金融业为 114777 元，信息传输计算机服务业 112042 元，电力燃气及水生产和供应业 78886 元，而住宿和餐饮业只有 40806 元，居民服务和其他服务业 44802 元，农林牧渔业 31947 元，最高工资行业与最低工资行业相差 82830 元（见表 5-1、图 5-1）。

表 5-1　　　　　　　　　行业工资收入差距表　　　　　　　单位：元

年份	最高行业平均工资	最低行业平均工资	极值差
2006	43435（信息传输计算机服务）	9269（农林牧渔）	34166
2007	47700（信息传输计算机服务）	10847（农林牧渔）	36853
2008	54906（信息传输计算机服务）	12560（农林牧渔）	42346
2009	60398（金融业）	14356（农林牧渔）	46042
2010	70146（金融业）	16717（农林牧渔）	53429
2011	81109（金融业）	19469（农林牧渔）	61640
2012	89743（金融业）	22687（农林牧渔）	67056

[①]《统计局：2016 年基尼系数为 0.465 较 2015 年有所上升》，中国新闻网/财经中心/财经频道 http://www.chinanews.com/cj/2017/01-20/8130559.shtml，2017 年 1 月 20 日。

续表

年份	最高行业平均工资	最低行业平均工资	极值差
2013	99653（金融业）	25820（农林牧渔）	73833
2014	108273（金融业）	28356（农林牧渔）	79917
2015	114777（金融业）	31947（农林牧渔）	82830

资料来源：《中国统计年鉴》中的按行业分城镇单位就业人员平均工资表。

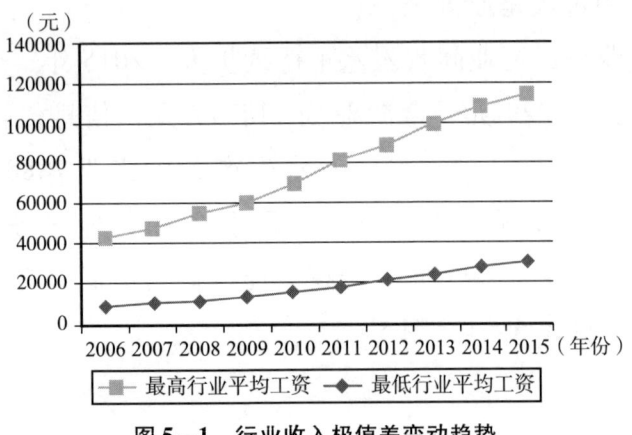

图 5-1 行业收入极值差变动趋势

劳动收入差异应体现在劳动复杂程度上，因此，正常的收入差距应体现为不同工种、不同职业的收入差距，而不应体现在行业之间。虽然不同行业的工种结构有所不同，但从上述各行业工资数据可以看出，高收入行业具有明显的行政性垄断特征，而低收入行业具有明显的竞争性特征。收入分配的行业特征过于明显，形成了社会收入分配不公，影响了经济运行。

从地区看，地区间平均工资水平差异巨大。根据人民网公布的数据，以我国 2016 年非私营单位平均工资为例，最高的是北京市，平均工资达 119928 元，最低是河南省，平均工资仅为49506元，两者比值达242%（见表5-2）。①

表5-2　　　　　　　　2016年平均工资表　　　　　　　　单位：元

地区	城镇非私营单位就业人员	城镇私营单位从业人员	全社会就业人员
北京	119928	65881	92477
天津	86305	—	63180
浙江	73326	45005	56385
广东	72326	48236	—
江苏	71574	47156	—
青海	66589	34908	—
贵州	66279	39058	58398
宁夏	65570	37926	—
重庆	65545	47345	54899
四川	63926	37763	54425
山东	62539	—	63562
福建	61973	—	—
海南	61663	40675	62568
内蒙古	61067	36114	—
云南	60450	—	63562
甘肃	59549	35685	—
陕西	59637	35676	59637
安徽	59102	39110	—
湖南	58241	34582	—
广西	57878	36089	—
江西	56136	36888	—
吉林	56098	30184	—
河北	55334	36507	—

---

① 《29省份2016年平均工资出炉　北京居首河南垫底》，人民网/财经频道 http://www.finance.people.com.cn/n1/2017/1028/c1004-29613616.html。

续表

地区	城镇非私营单位就业人员	城镇私营单位从业人员	全社会就业人员
山西	53705	—	54975
河南	49506	33312	—
上海	—	—	78045
新疆	—	—	64630
辽宁	—	—	56015
湖北	—	—	51415

资料来源：人民网。

地区间收入差距是各地经济发展差距的反映，这种发展不平衡是多种原因造成的，有历史原因、资源禀赋原因等，但也存在着行政性垄断的一些影响，因为在没有市场壁垒的条件下，要素包括劳动力都将自由流动，向报酬高的地区配置，从而劳动力报酬差距不会如此之大。事实上，许多地方都有保障本地居民优先享受就业机会的成文或不成文规定。例如，北京市规定，中央国家机关所属事业单位每录用2个外地生，必须同时解决一个北京本地人就业问题。这是一项明显带有对本地保护的政策，实际上是对外地变相排斥的歧视性政策。

2. 行政性垄断通过供求价格机制形成利润转移，进而造成收入分配差距扩大

职工收入差距的行业性非常明显，这种情况是与竞争性行业供给过剩、价格下降、利润减少，行政性垄断行业供给不足、垄断高价相关的。行政性垄断行业的产品供给不足、供不应求，竞争性行业的产品供给过剩、供过于求的局面，在市场

经济条件下，通过供求决定价格的市场机制，推升了行政性垄断行业的产品价格，压低了竞争性行业的产品价格，通过市场交换，竞争性行业创造的一部分利润被转移到行政性垄断行业，行政性垄断企业因此获得了垄断利润。

2010年5月4日《第一财经日报》以《两巨头成品油价内外有别：出口打九折　国内想提价》为题对中石油、中石化国内成品油售价高于其出口价格的情况进行了报道，引起众多媒体纷纷转载。报道指出："一方面以低于国内成品油税前价10%的价格向海外出口，另一方面又在国内谋求成品油提价。中石油、中石化这两大巨头凭借其市场垄断地位，制造'内外有别'油价。""记者对比了沈阳、北京、上海及广州四个地区发现，93号汽油的最高零售价为每吨8666~9137元，0号柴油最高零售价略低一点，但最便宜的也要每吨7408元。这样算下来，汽柴油出口价要比国内零售价至少便宜3400元、2700元。""扣除税费后，上海汽柴油的零售价约为每吨6700元、5573元，这仍比出口的汽柴油价格高出一截。经计算，出口的汽柴油价格要比上海的税前汽柴油最低批发价折让8%~12%"。①

行政性垄断企业进而把属于国家和社会的垄断利润转化为本单位职工收入，因此形成了较高的工资福利收入。而竞争性行业由于供过于求、竞争过于激烈，产品价格低、利润薄，职工只能获得低收入。由此造成行政性垄断行业与竞争性行业职工收入差距悬殊的情况。

---

① 《两巨头成品油价内外有别：出口打九折　国内想提价》，载于《第一财经日报》2010年5月4日。

3. 收入分配分化传导为消费结构失衡

人们在收入上的差别最终体现在消费差异上。收入分配差距过大必然带来消费的两极分化，使消费结构畸形。当前，消费需求呈两极分化趋势，一方面是对名牌高档奢侈品的消费需求；另一方面是对低档品的庞大消费需求。相当数量的人口仍然去"天意"、"官批"、"动物园"这样的廉价品市场购物，知名的淘宝网上充斥着低档商品但销量火爆。这种大量低端消费与奢侈品消费两极分化、同时并存的畸形消费结构，是与两极分化的畸形收入分配结构相适应的。

4. 收入分配分化造成了社会有效需求不足

收入分配分化必然降低全社会的有效需求，使全社会有效需求总额低于全社会商品供给总额，出现有效需求不足的情况。这是因为，低收入者的消费层次低，消费内容多为必需品，消费固化，灵活消费的空间十分有限，对必需品之外的消费品市场贡献不大，带动作用低，而高收入者的边际消费倾向低，他们许多收入不形成对商品的有效需求。可见，没有机会均等、利益共享，没有大多数人的富裕，社会再生产活动就无法顺畅运行，就不会有整个国家的繁荣。

5. 竞争性行业劳动者众多且收入低下，弱化了宏观调控手段尤其是货币政策效果

已如上述，由于低收入者的大部分收入都要用于生活必需品的消费支出，因而低收入者用于储蓄的收入占其全部收入比重较小，当国家采用降低利率刺激经济增长的扩张性货币政策

时，在竞争性行业的广大劳动者受收入水平限制也难以为主要商品市场提供足够的消费需求拉动。我国的利率已降到了极低水平，目前活期存款利率仅为0.35%，1年期存款利率从2012年的3%下降到现在的1.5%，①减息政策已基本用到极致。收入分化格局影响了货币政策发挥作用的基础条件，削弱了其调控效果。

6. 需求侧影响机理启示

（1）当存在行政性垄断这个扭曲体制时，供求决定价格的市场机制，成为资源扭曲配置的"黑手"。行政壁垒造成的竞争性行业长期供过于求、行政性垄断行业长期供不应求的局面，通过供求决定价格的市场机制起作用，使竞争性行业的产品服务价格被低估，行政性垄断行业的产品服务价格被高估，二者进行不等价交换，竞争性行业创造的一部分利润就转移到了行政性垄断行业。这说明，供求决定价格的市场机制不必然导致资源的优化配置，在基础制度扭曲、竞争机制发挥作用不充分的情况下，让供求决定价格机制发挥作用，是非常危险的，定然会造成资源的扭曲配置。

（2）行政性垄断利润和企业职工高收入的来源。行政性垄断利润，表面上看来自于其产品的高售价；其企业职工高收入，表面上看是蚕食国家利润得来的。但从上述对供求价格机制的分析可以看出，其最终来源是行政性垄断企业依靠行政保护，通过供求决定价格的市场机制作用，与竞争性企业进行不

---

① 《金融机构人民币存款基准利率调整表》，中国人民银行门户网站/货币政策司 http://www.pbc.gov.cn/zhengcehuobisi/125207/125213/125440/125838/125885/125896/2968995/index.html。

等价交换，无偿占有的、从竞争性行业转移过来、由竞争性行业创造的价值。行政性垄断不会使整个国家的利润总量增加，而只是转移了利润分配。从这个意义上，行政性垄断企业对市场壁垒以外的企业存在剥削行为。这表明，行政性垄断企业的小团体利益与国家利益、广大劳动者利益存在着此消彼长的对立性矛盾。虽然不少行政性垄断企业的所有者是国家或者某一级政府，但行政性垄断企业作为一个独立的经济体，是有它自身独立利益的。放任行政性垄断，让几个小团体垄断控制行业或区域大市场，结果只能是国家利益、社会大众利益蒙受损失。

5.1.4 行政性垄断对经济质量提升的影响

在市场经济条件下，经济质量的提升、产品质量的提高、产业结构的高级化，本源动力都来自市场需求的变化。需求即市场，需求最终决定着供给，需求的变化决定着供给结构的变化和经济质量的提升。这个需求，不是人们的主观意愿，更不是国家战略需要，而是人民有货币购买力的需求即有效需求。事实上，不但是市场经济体制，就连我们过去实行的计划经济体制，计划的制订也必须符合有效需求，否则，企业按计划生产的产品卖不出去，计划就是失败的。由两极分化的收入格局造成的两极分化有效需求格局和消费格局，难以为经济稳定运行提供支持，难以为经济质量向高档次逐步升级提供支撑，这是因为：其一，大量低收入人口及其对低档品的大量需求，把产品供给结构牢牢牵制在低档品生产领域，既然技术简单的低档品有市场能卖得出去，企业就没有研发高档品的理由了；其二，一部分高收入人口对高档品的需求，无法为企业提供具备开发价值的规模市场，难以支撑本国量产；其三，两极分化的哑铃状需求结构下社会对中档产品需求的断档，使高档品即使有一定市场也很难被国内厂商占据，因为社会对中档产品需求的断档使生产高档品超出了本国制造业需要渐进培养出的生产技术和工艺经验，结果只是形成了对高档品的进口需求，2015年国人到国外疯狂抢购智能马桶盖事件就是最好的例子。由此，国家经济质量也就只能维持在低端水平。

5.2 行政性垄断对财政收支的影响

在财政收入方面，行政性垄断的影响主要是通过壁垒—市场容量—产出损失—财政收入传导机制施加的。行政性垄断由于人为限制了投资领域、经济发展空间，阻止了符合社会需求的生产，使经济总量低于均衡水平，损失了经济增长，相应使整个国家生产的利润从而取得的税收也低于应得水平，财政收入受到无形损失。如果破除了行政性垄断，各行业各地区都得到了发展，社会资本投资更多了，通过竞争使效率提高了，经济总量将增大，社会利润总量相应增加，各地财政也都能够分得更大利益。因此，行政性垄断对财政收入而言，形成了巨大的潜在损失即机会成本或沉没成本。

在财政支出方面，行政性垄断的影响主要是通过壁垒—市场容量—财政支出传导机制施加的。行政性垄断加重了财政负担，加大了支出压力。一是把大量资本、劳动力、商品排斥在行政性垄断行业和区域之外，加剧了行政性垄断行业以外行业的竞争，造成的失业人口额外增加了财政支出负担；二是行政性垄断企业由于"X无效率"导致效率降低，往往虽拥有大量优质资产但亏损严重，或者向国家索取巨额财政补贴，亦加大了财政负担。拥有巨额优质资产而亏损或利润不高、向国家索取财政补贴的行政性垄断寡头企业不在少数。

5.3　行政性垄断对国家安全的影响

　　将资源集中在少数单位和个人手中，当出现危机时，国家会安全吗？事实上，这样的经济系统极不安全。不但将资源集中在行政性垄断寡头不安全，而且只要过分集中在任何少数单位，都是不安全的。因为这样的制度安排，道德风险极高，除非它们都是道德极其高尚，否则，一旦它们使用掌握在手的高度集中的资源做有损国家的事，破坏力相当强大。因此，如果在某些行业实行行政性垄断仅是基于安全稳定的考虑，那么这样的行政性垄断其实没有任何作用，反而是非常危险的。

　　正确的做法是什么？有句话叫作"把鸡蛋放在不同的篮子里"。分散资源掌控，使单独任何一方都不能对经济和社会系统构成一击致命的破坏才是最安全的。我们应将资源分散在社会，同时建立紧急情况的资源动员制度，以法律形式确保紧急情况下政府对全社会资源的使用权，这是既安全又健康、符合现代化管理的做法。

5.4 行政性垄断对社会心理的影响

行政性垄断行业与竞争性行业在工作的稳定性、竞争激烈程度、工资福利待遇等方方面面都存在巨大的差异，对大众而言，同样一个人或者能力相同的人，如果有机会进入行政性垄断行业，与没有得到这样的机会只能在竞争性行业从事劳动，命运会有重大差别。这种情况使人们潜在地容易接受命运由机会决定的观念，使人们更多地把命运寄托在偶然性和机遇上，而不是自身的辛勤努力和能力的提升上。因此，行政性垄断助长了机会主义社会心理，这种思想观念一定程度上会损害到中华民族自强、自立、奋发向上的民族精神，会损害到民族的凝聚力，这在当今激烈竞争的国际形势下是不利的。

5.5 区域行政性垄断对本辖区的影响

本章前4节分析了行政性垄断对整个国家的影响。对于一个局部地区而言，通常人们以为行政性垄断有利于实施这一政策的区域，显然，实施行政性垄断政策的地方政府也是这样认为的。然而事实却并非如此。

（1）地方政府在辖区内实行行政性垄断政策以保护本地企业时，本地消费者实际上是在被动接受本地那些无竞争优势而受到行政保护企业的质次价高商品，在为本地企业的低效和地方政府保护落后的政策买单。受到损失的不仅仅是消费者，由于本地劳动者生活成本难以下降，进而本地企业的人工成本维持在较高水平，以本地商品为原材料的企业成本也会较高，这些将削弱本地企业的竞争力，还将使本地企业对地方财政收入的贡献逐渐下降。这一分析能够解释行政性垄断企业的利税贡献随其存续时间延长而下降的原因。许多组建行政性垄断企业的地方政府都有这样的困惑：刚组建行政性垄断企业的头几年，企业利税丰厚，对地方政府贡献很大。可是随着其存续时间的延长，利税逐渐降低，对地方政府的贡献逐年减少了。这会使一些地方政府官员转而批评行政性垄断企业不尽职经营。事实上，这里面有行政性垄断企业由于"X无效率"造成的低效率问题，也有本段分析的经济系统内在传导机制问题。

（2）其他地区用相同行政性垄断方式保护自身企业的结果，是所有地区都失去了向外地发展、从外地盈利的机会，各地的优势企业都无法走出去实现更多利税，无法在其他地区市场获利，大家都蒙受了潜在损失而不是额外获得了利益，因此这是多败俱伤的短视行为，很像陷入了囚徒困境。

5.6　对行政性垄断本质的再认识

通过上述对行政性垄断作用于国民经济的机理分析可以看出：行政性垄断的实质是小团体垄断大市场，小团体利益与国家利益必然发生冲突。

虽然行政性垄断由行业主管部委或者地方政府建立和维护，但实际执行行政性垄断、处于市场垄断地位的主体却不是政府，而是行政性垄断企业。不管其企业性质是国有还是私有，作为小团体，它必然异化出不同于整个国家利益的独立利益。它从事活动时从自身利益出发，必然与国家利益发生矛盾，甚至为谋私利故意损害国家利益，其结果不仅达不到政策初衷，反而事与愿违，背道而驰。小团体垄断国家大市场必然侵害蚕食国家利益。而通过众多微观主体共同参与竞争，能够淡化单个微观主体的小团体利益，更有利于国家利益目标的实现。破除小团体垄断和小团体利益，才能实现全民繁荣、共同繁荣，才符合"大道之行，天下为公"① 的理念和要求。

5.7 破除行政性垄断的重要意义

实施破除行政性垄断这一关键性的体制改革，从近期看，可以释放改革红利，为克服经济新常态，注入新一轮增长动力，推动经济增长。从中期看，将有效解决行政性垄断带来的供给不足与供给过剩同时并存、收入两极分化、结构失衡、经济质量提升困难等经济社会问题。从长期看，破除行政性垄断，建立规范健康的市场经济体制，解放生产力，将为民族持久发展打牢制度基础，促进中华民族伟大复兴宏伟目标的实现。

5.7.1 有利于拓宽增长空间，推动经济增长

破除行政性垄断最直接的作用在于为国民经济提供新的增

---

① 习近平：《决胜全面建成小康社会 夺取新时代中国特色社会主义伟大胜利——在中国共产党第十九次全国代表大会上的报告，2017年10月18日》，人民出版社2017年版，第70页；转引自戴圣：《礼记·礼运篇》。

长点,打开可供投资、可以发展的产业领域,并创造大量就业机会。行政性垄断行业的产品和服务在数量、质量、价格、成本上与社会需求存在的差距,从一个侧面反映了这些产业广阔的发展前景,说明我国经济高速增长的扩张期并未结束,从经济效率的角度,应该把更多的资源配置于这些行业。每一个新开放的行政性垄断行业都将成为一个新的经济增长点,我国国民经济蕴藏的潜力将得到释放,成为强劲而现实的增长。同时,破除行政性垄断,实现要素自由流动,将使资源在各行业各地区的配置得到优化,资源优化配置的作用在于同等数量的要素投入将实现更大的产出,即要素产出效率提高,这些,将直接带来经济增长。

5.7.2 有利于优化产业结构和区域结构,解决供给侧结构性矛盾顽疾

消除人为阻挡在行业间区域间的行政壁垒,资源将在各行业各地区自由流动,将按照市场需求配置。资本、劳动力在三次产业间的配置状态将按照生产力发展的规律自然向前演进,各地区将逐步形成基于比较优势的分工,产业结构、区域结构得到优化。有望从资源配置体制上解决多年来一直困扰我国的结构矛盾顽疾。

5.7.3 有利于改善收入分配和消费结构,为经济质量提升提供需求支撑

消除行政性垄断及其垄断利润,将消除由于行政性垄断因

素引起的行业间不合理收入分配差距，促进收入分配向均衡、合理方向发展。均衡的收入分配将为经济发展提供有效需求作为支撑，这种支撑体现在：通过提高边际消费倾向，增加有效需求数量，为经济增长提供支撑；通过形成枣核状收入分配结构，改善有效需求的结构，增加社会对中档产品的有效需求，并且随着人民收入的稳步提高，带动供给结构逐步向中高端迈进，为经济质量的提升提供支撑。

5.7.4 有利于惠及消费者、企业和地方政府

单就一个局部地区而言，从长期看破除行政性垄断也必然是受益的。本地消费者将享受到更多物美价廉的商品，福利提高；进而本地企业由于劳动者生活成本的降低，人工成本下降；以外地商品为原材料的本地企业，原材料成本也将明显下降；成本下降将增强本地企业的竞争力，增加对本地的税收贡献。

5.7.5 有利于建立规范健康的体制，为中华民族伟大复兴打牢制度基础

一个国家能否真正得到发展，从根本上、长远上说取决于体制和文化。产业革命不仅是技术革命、业态革命，更是制度革命。建立规范的市场经济体制，才能从制度上保障持久繁荣；分散风险，才能利于经济安全；消除机会主义的现实，才能营造积极向上的文化。从而为中华民族的伟大复兴打下坚实的制度基础，保障国家和民族在未来的长治久安、长盛不衰。

5.7.6 符合历史发展的方向和要求，具有重大的社会进步意义

纵观人类发展历史，从奴隶制度到封建制度，从封建制度到资本主义制度，再到未来的"自由人联合体",[①] 每一次社会制度变革都是使更多人获得了社会经济参与权，为越来越多的人提供了平等和自由。天下为公，是社会演进的方向。事实上，也正是由于越来越多人获得了参与权，正是由于更多人得到机会主动参与到经济生活当中，经济才实现了更大规模的扩张和更快发展，才有了生产力的解放。因此，生产力解放的历程与社会走向自由平等的历程是必然同步的；人类历史是生产力发展史与自由平等发展史的统一。

行政性垄断作为小团体垄断国家大市场，是少数人的排他经济特权对多数人平等参与权的剥夺，与天下为公的社会发展方向是背道而驰的。破除行政性垄断，赋予人民广泛平等的社会经济参与权，给予越来越多的人以平等自由，是天下为公思想的重要内容和具体体现，既是生产力自身走向解放的要求，也是社会走向文明进步的必然，是无法阻挡的历史车轮前进方向。

---

① 马克思、恩格斯：《共产党宣言》，人民出版社2014年版，第50页。

第 6 章

破除行政性垄断对经济增长贡献的计量经济学实证分析

通过第 5 章的分析,我们已经得出了破除行政性垄断将为经济发展打开新的空间,将通过要素自由流动、资源优化配置带动经济增长的结论。本章将使用计量经济学模型,对实施破除行政性垄断这一体制性改革将给我国经济带来的增长效应进行量化测度。

6.1 理论分析和总体规划

6.1.1 经济学分析

从理论上看,破除行政性垄断,消除行政壁垒,要素将在市场机制引导下自由流动、重新配置。一方面,资本将在市场机制的引导下,更多地配置到原先受行政壁垒封闭而发育未达市场需求水平的领域，对原行政性垄断行业的投资将增加，这实际上是为国民经济打开了新的可供投资的领域和发展空间，即新的增长点；另一方面，原先受行政壁垒阻挡而大量滞留堆积在竞争性行业的资本等社会资源得到疏解，其过度竞争局面将得到缓和，过度竞争造成的资源浪费将减少。这种资源配置的优化，将提高要素的总体投入产出效率，同等的要素投入将带来更大的产出，从而有力推动经济增长。

从实践上看，回顾中国改革开放的历程，以1978年农村改革为发端的经济体制改革实践已经充分证明，每开放一个行业，中国就获得一次巨大发展。西方国家科技进步、经济发展的历史实践也表明，竞争是获致繁荣和保证繁荣最有效的手段。

6.1.2 目的和步骤

考察在要素投入不变的条件下，仅依靠破除行政性垄断，实现要素资源的自由流动，对我国经济总量和增长速度的影响效应。

本章将分3个步骤完成这一测算：第一步，使用计量经济学方法，构造分行业的国内生产总值（GDP）函数模型；第二步，运用马克思平均利润率理论，测算破除行政性垄断对资源配置的影响，即破除行政性垄断、消除阻碍资本自由流动的行政壁垒后，投资在行业间的结构调整；第三步，把破除行政性垄断对资源配置的影响加入GDP函数模型，测算这种新的资源配置可实现的GDP增长，即消除行政性垄断对经济增长的效应。

6.2 第一步：构造国内生产总值函数模型

6.2.1 假设

（1）全部行业划分为三大部类：竞争充分、开放程度高、基本不存在行政性垄断的行业作为第一部类；竞争不充分、开放程度低、行政性垄断较严重的行业作为第二部类；承担社会职能而非经济职能的行业作为第三部类。（2）破除行政性垄断限定在承担经济职能的行业进行，非经济职能行业不参加破除行政性垄断。因此，当消除行政性垄断时，第一部类与第二部类之间要素资源实现自由流动，第三部类不是经济职能行业，不参与第一部类与第二部类之间的要素资源流动，而是按照自己原先的增长惯性进行独立的增长。

6.2.2 行业分析

国家统计局《中国统计年鉴》提供的分行业数据，将全部行业划分为19个，经分析，情况如下：（1）"金融业"、"电力、热力、燃气及水生产和供应业"、"采矿业"存在着行政准入审批或者行政性垄断寡头，竞争不充分，属于行政性垄断行业，列入第二部类；（2）"制造业"中，石油石化产品加工等属于行政性垄断行业，"交通运输、仓储和邮政业"中，航空运输、铁路运输以及部分邮政业务属于行政性垄断行业，应列入第二部类，但由于《中国统计年鉴》没有单独给出其数据，一并算作第一部类；（3）"信息传输、软件和信息技术服务业"中，电信行业、广播电视和卫星传输服务属于行政性垄断行业，"卫生和社会工作"中，医疗卫生和医药需要审批进入，属于行政性垄断行业，"文化、体育和娱乐业"中，新闻和出版业、广播电视业需要审批进入，属于行政性垄断行业，由于《中国统计年鉴》未单独给出这些具体行业的明细数据，将上述行业一并算作第二部类；（4）"教育"、"公共管理和社会组织"承担社会管理教育职能，不是经济职能行业，不涉及消除行政性垄断的问题，列入第三部类；（5）除上述行业以外其他未专门提及的行业均属竞争性行业，列入第一部类。

6.2.3 建立国内生产总值（GDP）计量经济模型

图6-1是1995~2016年22年间我国GDP变动趋势图。

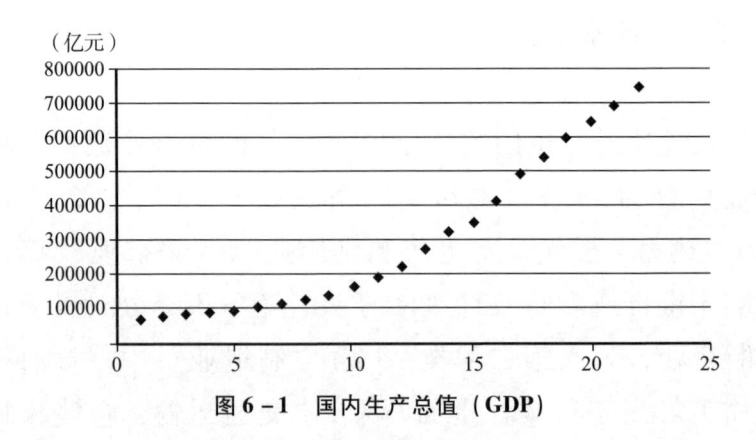

图6-1 国内生产总值（GDP）

第6章 破除行政性垄断对经济增长贡献的计量经济学实证分析

从图 6-1 可以看出，GDP 变动趋势大致符合幂函数形态。事实上，各行业增加值（行业 GDP）变动趋势都最接近幂函数形态。为此，用幂函数拟合 GDP 变化趋势。

根据上述国民经济划分为三大部类的假设和 GDP 散点图形态，构建国内生产总值（GDP）函数模型：

$$Y = Y_1 + Y_2 + Y_3 \tag{6-1}$$

其中：$Y_1 = A_1 X_1^{\beta_1} \quad Y_2 = A_2 X_2^{\beta_2}$

式中：

Y 代表国内生产总值（GDP），是被解释变量，数据来自各年度《中国统计年鉴》中的国内生产总值表；

Y_1、Y_2、Y_3 分别代表第一部类、第二部类、第三部类创造的 GDP，数据根据各年度《中国统计年鉴》中的国内生产总值表、分行业增加值表按对应行业归集得到；

X_1、X_2 分别代表对第一部类、第二部类的投资，选取投资作为自变量一是考虑到投资对 GDP 有重要影响，二是市场经济条件下其他要素都是从属于资本流动的，数据根据各年度《中国统计年鉴》中的全社会固定资产投资主要指标表、按行业分全社会固定资产投资表按对应行业归集得到；

A_1、β_1、A_2、β_2 为参数。

因此有：

$$Y = A_1 X_1^{\beta_1} + A_2 X_2^{\beta_2} + Y_3 \tag{6-2}$$

即：国内生产总值（GDP）是由各部类幂函数形态的 GDP 叠加而成的。第三部类作为非经济职能行业由于不涉及解决行政性垄断问题因而无需为其拟合函数。

6.2.4 数据说明

本书原拟采用上述 22 年数据进行模拟分析，使精度更高，但由于模型需要使用分行业增加值（行业 GDP）数据，然而（1）2004~2005 年间国家统计局对行业划分进行了重大调整，且新旧行业口径不存在对应衔接关系；（2）2017 年 9 月出版的 2017 年《中国统计年鉴》中分行业增加值表最新数据更新至 2015 年（尽管不区分行业的国内生产总值表已更新至 2016 年）。受上述限制，本文只能选用 2005~2015 年的数据作为分析依据，无法再从更长时间跨度上加以分析（见表 6-1、表 6-2）。

6.2.5 分别拟合第一部类、第二部类 GDP 函数，实施参数估计与假设检验

1. 拟合第一部类 GDP 函数 $Y_1 = A_1 X_1^{\beta_1}$

两边同取自然对数得：$\ln Y_1 = \ln(A_1 X_1^{\beta_1})$

$$\ln Y_1 = \ln A_1 + \beta_1 \ln X_1 \qquad (6-3)$$

令 $Z_1 = \ln Y_1 \quad \alpha_1 = \ln A_1 \quad R_1 = \ln X_1$

式（6-3）可写成：$\qquad Z_1 = \alpha_1 + \beta_1 R_1 \qquad (6-4)$

根据表 6-3：

第6章 破除行政性垄断对经济增长贡献的计量经济学实证分析

表6-1　2005~2015年GDP及分行业增加值表

单位：亿元

数据类别	产业（行业）	2005年	2006年	2007年	2008年	2009年	2010年	2011年	2012年	2013年	2014年	2015年
基础数据	第一产业	21806.70	23317.00	27788.00	32753.20	34161.80	39362.60	46163.10	50902.30	55329.10	58343.50	60862.10
	第二产业	88084.40	104361.80	126633.60	149956.60	160171.70	191629.80	227038.80	244643.30	261956.10	277571.80	282040.30
	其中：采矿业	10318.20	12082.90	13460.70	19629.40	16726.00	20872.30	26296.20	25093.00	25467.60	23417.10	19104.50
	电力、热力、燃气及水生产和供应业	6794.60	8015.20	9609.20	8091.30	8395.40	11221.60	12389.80	14006.00	15002.20	14819.00	14981.70
	第三产业	77427.80	91759.70	115810.70	136805.80	154747.90	182038.00	216098.60	244821.90	277959.30	308058.60	346149.70
	其中：信息传输、软件和信息技术服务业	4904.10	5683.50	6705.60	7859.70	8163.80	8950.80	10304.80	11928.70	13729.70	15939.60	18546.10
	金融业	7469.50	9951.70	15173.70	18313.40	21798.10	25680.40	30678.90	35188.40	41191.00	46665.20	57872.60
	卫生和社会工作	2987.30	3326.20	4013.80	4628.70	5082.60	5856.60	7428.80	9011.20	11034.40	12734.00	14955.10
	文化、体育和娱乐业	1204.50	1362.70	1631.30	1922.40	2231.00	2674.70	3134.50	3530.60	3867.70	4274.50	4931.20
	教育	5759.70	6407.00	7693.20	8887.50	10481.80	12018.50	14774.60	16645.70	18951.40	21159.90	24253.10
	公共管理、社会保障和社会组织	7361.20	8836.60	10830.40	13783.70	15161.70	16302.70	18079.00	20101.70	21693.00	23508.70	26622.60
	合计	187318.90	219438.50	270232.30	319515.60	349081.40	413030.40	489300.50	540367.50	595244.50	643973.90	689052.10

续表

数据类别	产业（行业）	2005年	2006年	2007年	2008年	2009年	2010年	2011年	2012年	2013年	2014年	2015年
加工数据	第一部类（扣除第二部类、第三部类以外的其他行业）	140519.80	163772.70	201114.40	236399.50	261041.00	309452.80	366213.90	404862.20	444307.50	481455.90	507785.20
	第二部类（采矿业、电力、热力、燃气及水生产和供应业、金融业、信息传输、软件和信息技术服务业、卫生和社会工作、文化、体育和娱乐业）	33678.20	40422.20	50594.30	60444.90	62396.90	75256.40	90233.00	98757.90	110292.60	117849.40	130391.20
	第三部类（教育、公共管理、社会保障和社会组织）	13120.90	15243.60	18523.60	22671.20	25643.50	28321.20	32853.60	36747.40	40644.40	44668.60	50875.70
	合计	187318.90	219438.50	270232.30	319515.60	349081.40	413030.40	489300.50	540367.50	595244.50	643973.90	689052.10

资料来源：《中国统计年鉴》中的国内生产总值表和分行业增加值表。

第6章 破除行政性垄断对经济增长贡献的计量经济学实证分析

表6-2　2005～2015年分行业全社会固定资产投资表

单位：亿元

数据类别	产业（行业）	2005年	2006年	2007年	2008年	2009年	2010年	2011年	2012年	2013年	2014年	2015年
基础数据	第一产业	2323.70	2749.90	3403.50	5064.50	6894.90	7923.10	8757.80	10996.40	11186.60	13802.80	17542.10
	第二产业	38836.80	48479.10	61153.80	76961.30	96250.80	118102.00	132476.70	158262.50	184814.30	207684.20	224258.60
	其中：采矿业	3587.40	4678.40	5878.80	7705.80	9210.80	11000.90	11747.00	13300.80	14650.80	14538.90	12970.80
	电力、热力、燃气及水生产和供应业	7554.40	8585.70	9467.60	10997.20	14434.60	15679.70	14659.70	16672.70	19634.70	22829.70	26722.80
	第三产业	47613.10	58769.20	72766.60	90802.60	121453.10	152096.80	170250.60	205435.80	250293.20	290533.70	320199.1
	其中：信息传输、软件和信息技术服务业	1581.80	1875.90	1848.10	2162.60	2589.00	2454.50	2174.40	2692.00	3084.90	4110.00	5521.90
	金融业	109.50	121.40	157.60	260.60	360.20	489.40	638.70	923.90	1242.00	1363.00	1367.20
	卫生和社会工作	661.80	769.00	885.00	1155.60	1858.60	2119.00	2330.30	2617.10	3139.30	3991.50	5175.60
	文化、体育和娱乐业	857.00	955.40	1243.40	1589.90	2383.40	2959.40	3162.00	4271.30	5231.10	6178.40	6728.30
	教育	2209.20	2270.20	2375.60	2523.80	3521.20	4033.60	3894.60	4613.00	5433.00	6708.70	7726.80
	公共管理、社会保障和社会组织（含国际组织）	2927.00	2990.60	3166.10	3748.80	4736.60	5676.60	5647.80	6047.40	5874.80	7200.50	7851.10
	合计	88773.60	109998.20	137323.90	172828.40	224598.80	278121.90	311485.10	374694.70	446294.10	512020.70	561999.80

续表

数据类别	产业（行业）	2005年	2006年	2007年	2008年	2009年	2010年	2011年	2012年	2013年	2014年	2015年
加工数据	第一部类（扣除第二部类、第三部类以外的其他行业）	69285.50	87751.60	112301.70	142684.10	185504.90	233708.80	267230.60	323556.50	388004.20	445100.00	487935.30
	第二部类（采矿业、电力、热力、燃气及水生产和供应业、金融业、信息传输、软件和信息技术服务业、卫生和社会工作、文化、体育和娱乐业）	14351.90	16985.80	19480.50	23871.70	30836.60	34702.90	34712.90	40477.80	46982.80	53011.50	58486.60
	第三部类（教育、公共管理、社会保障和社会组织）	5136.20	5260.80	5541.70	6272.60	8257.30	9710.20	9542.40	10660.40	11307.10	13909.20	15577.90
	合计	88773.60	109998.20	137323.90	172828.40	224598.80	278121.90	311485.10	374694.70	446294.10	512020.70	561999.80

资料来源：《中国统计年鉴》中的全社会固定资产投资主要指标表和按主要行业分的全社会固定资产投资表。

第6章 破除行政性垄断对经济增长贡献的计量经济学实证分析

表6-3 第一部类GDP函数计算表

年度	Y_1: GDP（亿元）	X_1: 投资（亿元）	$Z_1 = \ln Y_1$	$R_1 = \ln X_1$	R_1^2	$z_1 = Z_1 - \bar{Z}_1$	$r_1 = R_1 - \bar{R}_1$	z_1^2	r_1^2	$r_1 z_1$
公式	(1)	(2)	(3) = ln(1)	(4) = ln(2)	(5) = (4)²	(6) = (3) − $\bar{Z}_1$	(7) = (4) − $\bar{R}_1$	(8) = (6)²	(9) = (7)²	(10) = (6) × (7)
2015年	507785.20	487935.30	13.14	13.10	171.56	0.55	0.85	0.30	0.73	0.47
2014年	481455.90	445100.00	13.08	13.01	169.16	0.49	0.76	0.24	0.58	0.38
2013年	444307.50	388004.20	13.00	12.87	165.61	0.41	0.63	0.17	0.39	0.26
2012年	404862.20	323556.50	12.91	12.69	160.96	0.32	0.44	0.10	0.20	0.14
2011年	366213.90	267230.60	12.81	12.50	156.15	0.22	0.25	0.05	0.06	0.06
2010年	309452.80	233708.80	12.64	12.36	152.81	0.05	0.12	0.00	0.01	0.01
2009年	261041.00	185504.90	12.47	12.13	147.16	−0.12	−0.11	0.01	0.01	0.01
2008年	236399.50	142684.10	12.37	11.87	140.86	−0.22	−0.37	0.05	0.14	0.08
2007年	201114.40	112301.70	12.21	11.63	135.23	−0.38	−0.61	0.14	0.38	0.23
2006年	163772.70	87751.60	12.01	11.38	129.56	−0.59	−0.86	0.34	0.74	0.50
2005年	140519.80	69285.50	11.85	11.15	124.23	−0.74	−1.10	0.55	1.20	0.81
合计 ∑	3516924.90	2743063.20	138.51	134.67	1653.28	0.00	0.00	1.96	4.45	2.95

$\bar{Z}_1 = 12.592$ $\bar{R}_1 = 12.243$

$$\hat{\beta}_1 = \frac{\sum r_1 z_1}{\sum r_1^2} = \frac{2.95}{4.45} = 0.662$$

$$\hat{\alpha}_1 = \overline{Z}_1 - \hat{\beta}_1 \overline{R}_1 = 12.592 - 0.662 \times 12.243 = 4.491$$

因此 $\hat{Z}_1 = 4.491 + 0.662 R_1$ （6-5）

$$\left(决定系数\ R^2 = \frac{\hat{\beta}_1 \sum r_1 z_1}{\sum z_1^2} = \frac{0.662 \times 2.95}{1.96} = 0.996 \right)$$

对 α_1、β_1 进行统计检验：

β_1 显著性检验：

$$H_0: \beta_1 = 0 \quad H_1: \beta_1 \neq 0$$

$$t = \frac{\hat{\beta}_1 - 0}{se(\hat{\beta}_1)} = \frac{\hat{\beta}_1}{\sqrt{\frac{\hat{\sigma}^2}{\sum r_1^2}}} = \frac{\hat{\beta}_1}{\sqrt{\frac{\sum e^2}{(n-2)\sum r_1^2}}} = \frac{\hat{\beta}_1}{\sqrt{\frac{\sum z_1^2 - \hat{\beta}_1 \sum r_1 z_1}{(n-2)\sum r_1^2}}}$$

$$= \frac{0.662}{\sqrt{\frac{1.96 - 0.662 \times 2.95}{9 \times 4.45}}} = 45.009$$

由于 $|t| = 45.009 > |t_{0.05/2, 11-2}| = 2.262$，

故以 95% 以上概率拒绝原假设，接受备择假设，β_1 显著异于 0。

α_1 显著性检验：

$$H_0: \alpha_1 = 0 \quad H_1: \alpha_1 \neq 0$$

$$t = \frac{\hat{\alpha}_1 - 0}{se(\hat{\alpha}_1)} = \frac{\hat{\alpha}_1}{\sqrt{\frac{\hat{\sigma}^2 \sum R_1^2}{n \sum r_1^2}}} = \frac{\hat{\alpha}_1}{\sqrt{\frac{(\sum e^2)(\sum R_1^2)}{(n-2) n \sum r_1^2}}}$$

$$= \frac{\hat{\alpha}_1}{\sqrt{\frac{(\sum z_1^2 - \hat{\beta}_1 \sum r_1 z_1)(\sum R_1^2)}{(n-2) n \sum r_1^2}}}$$

第6章 破除行政性垄断对经济增长贡献的计量经济学实证分析

$$= \frac{4.491}{\sqrt{\dfrac{(1.96 - 0.662 \times 2.95) \times 1653.28}{9 \times 11 \times 4.45}}} = 24.916$$

由于 $|t| = 24.916 > |t_{0.05/2, 11-2}| = 2.262$，

故以95%以上概率拒绝原假设，接受备择假设，α_1显著异于0。

因此有：$\hat{Z}_1 = 4.491 + 0.662R_1$

　　　　　　（0.180）（0.015）

　　　　t = （24.916）（45.009）

　　　　$R^2 = 0.996$　　n = 11

将 $Z_1 = \ln Y_1$　$\alpha_1 = \ln A_1$　$R_1 = \ln X_1$ 代回上式还原为GDP的函数得：

$$\ln \hat{Y}_1 = \ln e^{4.491} + 0.662 \ln X_1$$

$$\hat{Y}_1 = 89.178 X_1^{0.662} \tag{6-6}$$

2. 拟合第二部类GDP函数 $Y_2 = A_2 X_2^{\beta_2}$

两边同取自然对数得：$\ln Y_2 = \ln(A_2 X_2^{\beta_2})$

$$\ln Y_2 = \ln A_2 + \beta_2 \ln X_2 \tag{6-7}$$

令 $Z_2 = \ln Y_2$　$\alpha_2 = \ln A_2$　$R_2 = \ln X_2$

式（6-7）可写成：　　　$Z_2 = \alpha_2 + \beta_2 R_2$　　　（6-8）

根据表6-4：

$$\hat{\beta}_2 = \frac{\sum r_2 z_2}{\sum r_2^2} = \frac{2.08}{2.20} = 0.944$$

$$\hat{\alpha}_2 = \overline{Z}_2 - \hat{\beta}_2 \overline{R}_2 = 11.193 - 0.944 \times 10.340 = 1.431$$

因此　　　　　$\hat{Z}_2 = 1.431 + 0.944 R_2$　　　（6-9）

表6-4 第二部类 GDP 函数计算表

年度	Y_2: GDP (亿元)	X_2: 投资 (亿元)	$Z_2 = \ln Y_2$	$R_2 = \ln X_2$	R_2^2	$z_2 = Z_2 - \bar{Z}_2$	$r_2 = R_2 - \bar{R}_2$	z_2^2	r_2^2	$r_2 z_2$
公式	(1)	(2)	(3)=ln(1)	(4)=ln(2)	(5)=(4)²	(6)=(3)−$\bar{Z}_2$	(7)=(4)−$\bar{R}_2$	(8)=(6)²	(9)=(7)²	(10)=(6)×(7)
2015年	130391.20	58486.60	11.78	10.98	120.48	0.59	0.64	0.34	0.41	0.37
2014年	117849.40	53011.50	11.68	10.88	118.34	0.48	0.54	0.23	0.29	0.26
2013年	110292.60	46982.80	11.61	10.76	115.72	0.42	0.42	0.17	0.17	0.17
2012年	98757.90	40477.80	11.50	10.61	112.54	0.31	0.27	0.09	0.07	0.08
2011年	90233.00	34712.10	11.41	10.45	109.30	0.22	0.12	0.05	0.01	0.03
2010年	75256.40	34702.90	11.23	10.45	109.30	0.04	0.11	0.00	0.01	0.00
2009年	62396.90	30836.60	11.04	10.34	106.84	−0.15	0.00	0.02	0.00	0.00
2008年	60444.90	23871.70	11.01	10.08	101.62	−0.18	−0.26	0.03	0.07	0.05
2007年	50594.30	19480.50	10.83	9.88	97.56	−0.36	−0.46	0.13	0.21	0.17
2006年	40422.20	16985.80	10.61	9.74	94.87	−0.59	−0.60	0.34	0.36	0.35
2005年	33678.20	14351.90	10.42	9.57	91.62	−0.77	−0.77	0.59	0.59	0.59
合计∑	870317.00	373900.20	123.12	113.74	1178.19	0.00	0.00	2.02	2.20	2.08

$\bar{Z}_2 = 11.193$ $\bar{R}_2 = 10.340$

第6章 破除行政性垄断对经济增长贡献的计量经济学实证分析

$$\left(\text{决定系数 } R^2 = \frac{\hat{\beta}_2 \sum r_2 z_2}{\sum z_2^2} = \frac{0.944 \times 2.08}{2.02} = 0.973\right)$$

对 α_2、β_2 进行统计检验：

β_2 显著性检验：

$$H_0: \beta_2 = 0 \quad H_1: \beta_2 \neq 0$$

$$t = \frac{\hat{\beta}_2 - 0}{se(\hat{\beta}_2)} = \frac{\hat{\beta}_2}{\sqrt{\dfrac{\hat{\sigma}^2}{\sum r_2^2}}} = \frac{\hat{\beta}_2}{\sqrt{\dfrac{\sum e^2}{(n-2)\sum r_2^2}}} = \frac{\hat{\beta}_2}{\sqrt{\dfrac{\sum z_2^2 - \hat{\beta}_2 \sum r_2 z_2}{(n-2)\sum r_2^2}}}$$

$$= \frac{0.944}{\sqrt{\dfrac{2.02 - 0.944 \times 2.08}{9 \times 2.20}}} = 17.892$$

由于 $|t| = 17.892 > |t_{0.05/2, 11-2}| = 2.262$，

故以95%以上概率拒绝原假设，接受备择假设，β_2 显著异于0。

α_2 显著性检验：

$$H_0: \alpha_2 = 0 \quad H_1: \alpha_2 \neq 0$$

$$t = \frac{\hat{\alpha}_2 - 0}{se(\hat{\alpha}_2)} = \frac{\hat{\alpha}_2}{\sqrt{\dfrac{\hat{\sigma}^2 \sum R_2^2}{n \sum r_2^2}}} = \frac{\hat{\alpha}_2}{\sqrt{\dfrac{(\sum e^2)(\sum R_2^2)}{(n-2)n \sum r_2^2}}}$$

$$= \frac{\hat{\alpha}_2}{\sqrt{\dfrac{(\sum z_2^2 - \hat{\beta}_2 \sum r_2 z_2)(\sum R_2^2)}{(n-2)n \sum r_2^2}}}$$

$$= \frac{1.431}{\sqrt{\dfrac{(2.02 - 0.944 \times 2.08) \times 1178.19}{9 \times 11 \times 2.20}}} = 2.621$$

由于 $|t| = 2.621 > |t_{0.05/2, 11-2}| = 2.262$，

故以95%以上概率拒绝原假设，接受备择假设，α_2显著异于0。

因此有：$\hat{Z}_2 = 1.431 + 0.944R_2$
$\qquad\qquad\quad (0.546)\ (0.053)$
$\qquad\quad t = (2.621)\ (17.892)$
$\qquad\quad R^2 = 0.973 \qquad n = 11$

将$Z_2 = \ln Y_2 \quad \alpha_2 = \ln A_2 \quad R_2 = \ln X_2$代回上式还原为GDP的函数得：

$$\ln \hat{Y}_2 = \ln e^{1.431} + 0.944 \ln X_2$$
$$\hat{Y}_2 = 4.183 X_2^{0.944} \qquad (6-10)$$

6.2.6　国内生产总值（GDP）模型估算结果

将式（6-6）和式（6-10）代入式（6-2），由此，我国按照竞争性行业、行政性垄断行业区分的国内生产总值（GDP）函数为：

$$\hat{Y} = 89.178 X_1^{0.662} + 4.183 X_2^{0.944} + Y_3 \qquad (6-11)$$

6.3　第二步：测算消除行政性垄断后投资的结构调整

运用马克思平均利润率理论，考察在不增加投资即全社会固定资本存量总额保持不变的情况下，破除行政性垄断，要素在原竞争性行业与原行政性垄断行业之间自由流动重新配置以追求利润最大化，投资在第一部类与第二部类之间进行的结构调整。以 2015 年为例进行测算：

6.3.1　第一部类与第二部类的函数

由于第三部类作为非经济职能行业不参与破除行政性垄断引起的要素流动，暂时予以抽象掉，先考察第一部类与第二部类的情况：

$$\hat{Y}_1 + \hat{Y}_2 = 89.178 X_1^{0.662} + 4.183 X_2^{0.944} \quad (6-12)$$

6.3.2　平均利润率形成后的资本配置

行政性垄断行业开放后，资本将在原竞争性行业和原行政性垄断行业之间展开竞争，竞争的方式是资本转进转出。根据马克思的平均利润率原理，资本以这种转进转出方式竞争的结果，是利润率的平均化，即等量资本获得大致相等的利润。

为此，计算第一部类与第二部类按照平均利润率应当各自配备的资本，即：资本在两大部类间转进转出充分竞争，形成平均利润率后将出现的资本在两大部类间配置状况。

由于

$$p' = \frac{P}{K} \quad (6-13)$$

式中：p' 代表年利润率，P 代表年利润，K 代表年资本耗费也即成本，

则两大部类通过竞争形成平均利润率即等量资本取得等量利润时有：

$$\frac{P_1}{K_1} = \frac{P_2}{K_2} \quad (6-14)$$

式中：P_1 代表第一部类年利润，K_1 代表第一部类年资本耗费；P_2 代表第二部类年利润，K_2 代表第二部类年资本耗费。

按照马克思主义再生产理论，资本由不变资本和可变资本组成，不变资本中又包括固定资本和非劳动力流动资本。假设在年资本耗费中，固定资本耗费与全部资本耗费存在一定比例关系（根据经济学理论，固定资本虽然在短期上是不变的，但在长期上是变动的，因为一定量的固定资本只能保障一定限度的产量，从长期看产量变动必然引起固定资本和投资的变动），则有：

$$\frac{P_1}{S_1 r_1 / b_1} = \frac{P_2}{S_2 r_2 / b_2} \qquad (6-15)$$

式中：S_1 代表第一部类固定资本存量，r_1 代表第一部类年折旧率，b_1 代表第一部类年固定资本耗费占全部资本耗费的比重；S_2 代表第二部类固定资本存量，r_2 代表第二部类年折旧率，b_2 代表第二部类年固定资本耗费占全部资本耗费的比重。

由于要考察在投资不增加即固定资本存量总额不变条件下，单靠消除行政性垄断引起的资源重新配置情况，故同时设定约束条件如下：

$$\text{s. t.} : S_1 + S_2 = A \qquad (6-16)$$

式中：A 代表 2015 年第一部类与第二部类实际的固定资本存量之和。

为此，需要 P、r、b、A 即 2015 年利润、折旧率、固定资本耗费占全部资本耗费比重、固定资本存量数据。

1. 计算 2015 年第一部类与第二部类实际的固定资本存量之和

为计算顺序上的方便，首先从计算此数据入手。

《中国统计年鉴》等官方资料中没有固定资本存量数据。目前可以找到的比较权威的最新研究成果是田友春发表于《数量经济技术经济研究》2016 年第 6 期的《中国分行业资本存量估算：1990~2014 年》，其测算的最近时间资本存量是 2014 年初资本存量。本书使用其测算成果作为基础数据，在 2014 年初资本存量基础上减去 2014 年折旧再加上 2014 年新增固定资产得到 2015 年初资本存量，并使用该文提供的分行业折旧率（见表 6-5）。

根据表 6-5：

表 6-5　　　　　　　　2015 年固定资本存量计算表　　　　　　　单位：亿元

数据类别	产业（行业）		2014 年初固定资本存量 (1)	折旧率 (2)	2014 年折旧 (3)=(1)×(2)	2014 年新增固定资产 (4)	2015 年初固定资本存量 (5)=(1)-(3)+(4)
基础数据	第一产业		19188.58	0.1015	1947.64	9585.80	26826.74
	第二产业		304688.20	0.0856	26081.31	154381.80	432988.69
		其中：采矿业	28861.68	0.0720	2078.04	10341.80	37125.44
		电力、热力、燃气及水生产和供应业	33297.50	0.1280	4262.08	16032.70	45068.12
	第三产业		475016.23	0.0421	19998.18	169371.50	624389.55
		其中：信息传输、软件和信息技术服务业	5609.73	0.1778	997.41	3044.90	7657.22
		金融业	948.57	0.3020	286.47	865.30	1527.40
		卫生和社会工作	5373.52	0.0844	453.53	2814.60	7734.59
		文化、体育和娱乐业	9354.01	0.0341	318.97	3806.50	12841.54
		教育	18640.81	0.0265	493.98	5095.70	23242.53
		公共管理、社会保障和社会组织	21503.21	0.0378	812.82	5351.80	26042.19
	合计		798893.01		48027.13	333339.10	1084204.98

续表

数据类别	产业（行业）	2014年初固定资本存量 (1)	折旧率 (2)	2014年折旧 (3)=(1)×(2)	2014年新增固定资产 (4)	2015年初固定资本存量 (5)=(1)-(3)+(4)
加工数据	第一部类（扣除第二部类、第三部类以外的其他行业）	675303.98		38323.84	285985.80	922965.94
	第二部类（采矿业，电力、热力、燃气及水生产和供应业，金融业，信息传输、软件和信息技术服务业，卫生和社会工作，文化、体育和娱乐业）	83445.01		8396.50	36905.80	111954.31
	第三部类（教育，公共管理、社会保障和社会组织）	40144.02		1306.80	10447.50	49284.72
	合计	798893.01		48027.13	333339.10	1084204.98

资料来源：2014年初固定资本存量、折旧率来自田友春发表于《数量经济技术经济研究》2016年第6期的《中国分行业资本存量估算：1990~2014年》，2014年新增固定资产来自《中国统计年鉴》中的固定资产投资各行业实际到位资金和新增固定资产表。

第一部类与第二部类固定资本存量合计 A = 922965.94 + 111954.31 = 1034920.25

2. 计算两大部类的利润

《中国统计年鉴》等官方资料中没有利润数据。按照马克思主义再生产理论，$P = M = W - C - V$，利润即剩余价值，是劳动力新创造的价值，等于商品价值总额扣除不变资本耗费和可变资本（劳动力）耗费剩余的部分。按照核算 GDP 的收入法，增加值 = 劳动者报酬 + 生产税净额 + 固定资产折旧 + 营业盈余。因此，利润可表示为：

$$P = M = GDP - R - V \tag{6-17}$$

式中：P代表利润，等于劳动力新创造的价值；GDP为国内生产总值即国民经济各产业部门的增加值之和；R代表固定资产折旧；V代表可变资本（劳动力）耗费即工资。

关于固定资产折旧：《中国统计年鉴》等官方资料中无此数据。本书按照表6-5的2015年初固定资本存量和田友春发表于《数量经济技术经济研究》2016年第6期的《中国分行业资本存量估算：1990~2014年》提供的分行业折旧率计算，即：2015年固定资产折旧 = 2015年初资本存量 × 折旧率。

关于工资：各行业工资总额数据2003年之前在《中国统计年鉴》有发布，2004年起《中国统计年鉴》不再发布该数据，发布的与此相关数据有：城镇单位就业人员工资总额、私营单位和个体就业人数、私营企业就业人员平均工资。按照《中国统计年鉴》的说明，城镇单位就业人员工资总额不含私营企业和个体就业人员工资。为此，本书按照城镇单位就业人员工资总额 + 私营企业和个体就业人数 × 城镇私营单位就业人员平均工资估算全社会工资总额。数据来源于《中国统计年鉴》中的按行业分城镇单位就业人员工资总额表、分地区按行业分私营企业和个体就业人数表、分地区按行业分城镇私营单位就业人员平均工资表。

根据表6-6：

第一部类利润 $P_1 = 298358.13$

第二部类利润 $P_2 = 94910.32$

表 6-6　　　　　　　　　　2015 年利润计算表　　　　　　　　　单位：亿元

数据类别	产业（行业）	GDP （1）	折旧 （2）	工资 （3）	利润 (4)=(1)-(2)-(3)
基础数据	第一产业	60862.10	2722.91	862.60	57276.59
	第二产业	282040.30	37063.83	74303.66	170672.81
	其中：采矿业	19104.50	2673.03	3318.20	13113.27
	电力、热力、燃气及水生产和供应业	14981.70	5768.72	3137.40	6075.58
	第三产业	346149.70	26286.80	126901.96	192960.94
	其中：信息传输、软件和信息技术服务业	18546.10	1361.45	3912.70	13271.95
	金融业	57872.60	461.28	6730.10	50681.22
	卫生和社会工作	14955.10	652.80	5941.30	8361.00
	文化、体育和娱乐业	4931.20	437.90	1086.00	3407.30
	教育	24253.10	615.93	11492.10	12145.07
	公共管理、社会保障和社会组织	26622.60	984.39	10141.40	15496.81
	合计	689052.10	66073.55	202068.22	420910.33
加工数据	第一部类（扣除第二部类、第三部类以外的其他行业）	507785.20	53118.05	156309.02	298358.13
	第二部类（采矿业，电力、热力、燃气及水生产和供应业，金融业，信息传输、软件和信息技术服务业，卫生和社会工作，文化、体育和娱乐业）	130391.20	11355.18	24125.70	94910.32
	第三部类（教育，公共管理、社会保障和社会组织）	50875.70	1600.32	21633.50	27641.88
	合计	689052.10	66073.55	202068.22	420910.33

资料来源：GDP 来自《中国统计年鉴》中的国内生产总值表、分行业增加值表，折旧根据表 6-5 中的 2015 年初固定资本存量和田友春发表于《数量经济技术经济研究》2016 年第 6 期的《中国分行业资本存量估算：1990～2014 年》的折旧率计算，工资来自《中国统计年鉴》中的按行业分城镇单位就业人员工资总额表、分地区按行业分私营企业和个体就业人数表、分地区按行业分城镇私营单位就业人员平均工资表。

3. 计算两大部类的折旧率

$$r = \frac{R}{S} \quad (6-18)$$

式中：r 代表折旧率，R 代表固定资产折旧，S 代表固定资本存量。

根据表 6-5、表 6-6 的相关数据：

第一部类折旧率 $r_1 = \dfrac{53118.05}{922965.94} = 5.755\%$

第二部类折旧率 $r_2 = \dfrac{11355.18}{111954.31} = 10.143\%$

4. 计算两大部类固定资本耗费占全部资本耗费的比重

资本耗费在《中国统计年鉴》等官方资料中没有统计。根据马克思主义再生产理论，资本是由不变资本与可变资本两部分组成的。

年度不变资本耗费中的固定资本耗费，即转移到商品价值中的那部分固定资本，表现为年度固定资产折旧，表 6-6 已计算了 2015 年固定资产折旧。

年度不变资本耗费中的非劳动力流动资本耗费，主要是原材料、水电费等成本，《中国统计年鉴》的投入产出基本流量表"中间使用"对应此部分资本耗费。不过，最近一期数据是 2012 年，对此我们按照 2012 年此部分资本耗费占增加值的比重推算 2015 年数据，2015 年中间使用 = 2012 年中间使用/2012 年增加值 × 2015 年增加值；还有少数同类性质的行业是合并给出数据的，如"其他服务业"包含了第三产业 7 个行业的数据，由于行业活动性质近似且其原材料成本数额不大，我们按增加值比例分摊。

年度可变资本耗费，即劳动力资本耗费，表现为年度购买劳动力的成本。本文最初有两种考虑，第一是使用《中国统计年鉴》的投入产出基本流量表中"劳动者报酬"，但是，其一，该指标在《中国统计年鉴》上最近数据是2012年，没有2015年数据，在其他文献资料上也无法查找到；其二，该指标统计口径包含个体和私营企业利润，故并非理想指标；其三，更为重要的是，在现实生活中，行政性垄断企业存在职工个人收入侵蚀应上缴国家利润的情况，这已是不争的事实，用这个侵蚀利润的过高收入作为投入的可变资本即必需付出的成本不妥当，故最终没有选用劳动者报酬作为可变资本。第二是使用工资作为可变资本，工资已在表6-6中计算出，数据来源于《中国统计年鉴》中的按行业分城镇单位就业人员工资总额表、分地区按行业分私营企业和个体就业人数表、分地区按行业分城镇私营单位就业人员平均工资表。

综上，根据表6-7：

表6-7　　　　　　　　2015年资本耗费计算表　　　　　单位：亿元

数据类别	产业（行业）	固定资本耗费 (1)	非劳动力流动资本耗费 (2)	可变资本耗费（工资） (3)	年度资本耗费合计 (4)=(1)+(2)+(3)
基础数据	第一产业	2722.91	44314.37	862.60	47899.89
	第二产业	37063.83	945410.77	74303.66	1056778.26
	其中：采矿业	2673.03	20818.87	3318.20	26810.10

续表

数据类别	产业（行业）	固定资本耗费 (1)	非劳动力流动资本耗费 (2)	可变资本耗费（工资） (3)	年度资本耗费合计 (4)=(1)+(2)+(3)
基础数据	电力、热力、燃气及水生产和供应业	5768.72	39640.37	3137.40	48546.49
	第三产业	26286.80	293677.65	126901.96	446866.41
	其中：信息传输、软件和信息技术服务业	1361.45	27185.05	3912.70	32459.21
	金融业	461.28	39185.88	6730.10	46377.26
	卫生和社会工作	652.80	13263.05	5941.30	19857.15
	文化、体育和娱乐业	437.90	4373.28	1086.00	5897.17
	教育	615.93	21509.06	11492.10	33617.09
	公共管理、社会保障和社会组织	984.39	23610.47	10141.40	34736.27
	合计	66073.55	1283402.80	202068.22	1551544.56
加工数据	第一部类（扣除第二部类、第三部类以外的其他行业）	53118.05	1093816.76	156309.02	1303243.83
	第二部类（采矿业，电力、热力、燃气及水生产和供应业，金融业，信息传输、软件和信息技术服务业，卫生和社会工作，文化、体育和娱乐业）	11355.18	144466.51	24125.70	179947.38
	第三部类（教育，公共管理、社会保障和社会组织）	1600.32	45119.53	21633.50	68353.35
	合计	66073.55	1283402.80	202068.22	1551544.56

第一部类固定资本耗费占全部资本耗费的比重 $b_1 = \dfrac{53118.05}{1303243.83} = 0.041$

第二部类固定资本耗费占全部资本耗费的比重 $b_2 = \frac{11355.18}{179947.38} = 0.063$

5. 计算平均利润率下的资本配置

把上述计算得到的 $P_1 = 298358.13$　$P_2 = 94910.32$　$r_1 = 5.755\%$　$r_2 = 10.143\%$　$b_1 = 0.041$　$b_2 = 0.063$　$A = 1034920.25$ 代入式（6-15）及其约束条件式（6-16）：

$$\frac{298358.13}{5.755\% S_1/0.041} = \frac{94910.32}{10.143\% S_2/0.063} \quad (6-19)$$

$$\text{s.t.：} S_1 + S_2 = 1034920.25 \quad (6-20)$$

解式（6-19）、（6-20）得到按照平均利润率配置在两大部类的固定资本存量：

$$S_1 = 810215.72 \quad S_2 = 224704.53$$

6.3.3　投资结构调整

计算投资在两大部类间发生的结构调整情况。

两大部类此时（利润平均化、按平均利润调整资本配备后）的资本配备与此前（破除行政性垄断前）的资本配备相比较变化情况，即消除行政性垄断引起的资本转进转出情况是：

第一部类固定资本变化 = 810215.72 - 922965.94 = -112750.22

第二部类固定资本变化 = 224704.53 - 111954.31 = 112750.22

第一部类固定资本存量比原先减少，资本流出 112750.22 亿元，即：发生投资 -112750.22 亿元；第二部类固定资本存量比原先增加，资本流入 112750.22 亿元，即：发生投资 112750.22

亿元。

6.4 第三步：测算消除行政性垄断可实现的 GDP 增长

将6.3节得到的消除行政性垄断引致的投资结构调整情况，代入6.2节模拟的国内生产总值（GDP）模型，考察在现有投资水平保持不变情况下，单靠破除行政性垄断，使要素在原竞争性行业与原行政性垄断行业之间自由流动重新分配，实现资源在第一部类与第二部类合理配置，可以达到的国内生产总值（GDP）增长。以2015年为例进行测算。

6.4.1　GDP 理论值

计算在2015年物质条件下若发生上述资本转进转出即投资结构调整，GDP 将达到的数额。

将2015年实际投资数和破除行政性垄断引致的上述投资结构调整数代入式（6-11）国内生产总值（GDP）函数 $\hat{Y} = 89.178 X_1^{0.662} + 4.183 X_2^{0.944} + Y_3$，得：

$\hat{Y} = 89.178 \times (487935.30 - 112750.22)^{0.662} + 4.183 \times (58486.60 + 112750.22)^{0.944} + 50875.70 = 852559.05$ 亿元。

6.4.2　GDP 预期增长

我国公布的2015年实际 GDP 为689052.10亿元。

852559.05 − 689052.10 = 163506.95 亿元，163506.95/689052.10 =24%。由此，在不增加任何投入的情况下，仅靠打破行政性垄断，实现资源在第一部类与第二部类之间的自由流动、重新配置，我国 2015 年 GDP 应达到 852559.05 亿元，消除行政性垄断这一体制改革可使我国在 2015 年既定资源条件下增加 GDP 163506.95 亿元，使我国经济增长 24%，如果我们把这 24% 的经济增长分散到未来 10 年，即用此后 10 年时间完成破除行政性垄断的体制改革，我国经济在未来 10 年每年将比目前额外增长 2.4%。我国近年 GDP 增长率在 6.5% 左右，加上破除行政性垄断每年将额外带来的这两个多百分点增长，我国经济将重回 8% 以上的高增长并将持续一个 10 年，这就是市场化改革的红利。

6.5 模型评价

本模型的创新之处，一是把当代计量经济学方法与马克思平均利润率原理、再生产理论相结合，在同一模型中运用；二是尝试对破除行政性垄断这一典型体制改革问题给资源配置和经济增长带来的影响进行量化测度。

模型的缺点或不足在于是在现有数据条件下计算的，基础数据来自《中国统计年鉴》，由于存在数据缺失，采用了一些统计技术处理，可能会使数字结果并不十分精确，不过从中还是能够看到破除行政性垄断将有力地推动经济增长。本模型最主要作用在于提供一种研究思路和方法。

第 7 章

中国治理行政性垄断的目标模式和路径选择

7.1 改革目标

7.1.1 总目标

消除行政性垄断的总目标是建立既有效率又有利于国家安全的规范健康的市场经济制度。

这一总目标的特点是从市场经济的要求和中国国情出发，对效率和安全两手抓、两手硬。这一总目标旨在使社会生产力获得根本性解放，从而为我国经济的持久发展和中华民族的伟大复兴打下坚实的体制基础。

7.1.2 具体目标

由效率和安全的总目标，派生出平等竞争、市场无壁垒、经济安全、社会稳定四大具体目标。

1. 在全国范围破除行政性垄断，建立以平等竞争、行业或区域间无行政壁垒为特征的规范市场经济制度

平等竞争。各微观主体不论原先来自何地区、何行业，只要符合国家统一规定的条件，都依靠自身能力和实力，在市场上平等开展竞争，面临相同的游戏规则、一视同仁的监管要求。

市场无行政壁垒。平等竞争的核心在于机会均等。规范的市场体制下，微观主体拥有同等的市场参与机会和盈利机会，因此不能存在行政壁垒这种以行政手段对不同微观主体设置的歧视性、差别化、选择性的进入壁垒。企业只要达到国家统一规定的条件，均可自由进入开展经营。

2. 建立以经济安全、社会稳定为特征的健康市场经济制度

经营活动有明确统一的标准。哪些行为可以做，哪些不可以做，各项经营指标达到什么条件可以继续经营、什么状态必须停业或退出经营，必须有明确具体的规定，并向全部微观主体统一发布。

市场监管和执法尺度统一。对所有微观主体，一视同仁地按照统一尺度进行严格监管和执法，对危害经济安全、社会安全的，不论企业性质身份，一视同仁给予严厉惩处。

充分发挥事业单位的作用。将行业和地区全面开放后，任何一家企业包括国有企业均面临市场竞争，都要按市场规则行事。一些特殊的国家战略任务，不应当再指令国有企业承担。对于此类事务，应当充分发挥事业单位的作用。即在破除行政

性垄断的同时，使企业与事业职能分流，改变目前国有企业又是市场竞争主体又承担国家战略任务，角色经常变换，职能定位混乱不清，一身二任的不规范状况。

建立紧急动员制度，紧急状态下国家依法掌控比行政性垄断时期更庞大的全社会资源。通过立法，使政府在紧急状态下可以依法征用调动全社会资源。这样就使国家通过规范化、法制化渠道拥有了更广泛更强大的资源权力，比实行行政性垄断时期政府只掌控少数几个企业且不规范的做法强上百倍。

7.2 改革路径

如第3章所述，消除行政性垄断，根本上在于自由竞争文化的树立和发展。从当前实际看，消除行政性垄断是一项涉及广泛的系统工程，从认识上的转变，到体制改革的推进，到安全制度的预建，甚至还包括打击腐败。

为确保改革得以实施，必须首先做好各方面条件准备，最后再破除行政性垄断，因此改革的步骤非常重要。破除行政性垄断的主要内容和步骤如下：

7.2.1 解放思想，澄清认识，做好思想准备

1. 行政性垄断并非达成政策目标的有效路径或必然选择，而是认识上的误区和管理习惯

（1）维护国家安全稳定目标与行政性垄断。事实上，只要

国家制定统一严格的行业标准，规定任何进入这些行业开展经营的企业，都必须遵守这些标准，完全可以在充分竞争的市场条件下维护安全稳定。例如，我们可以对银行业制定必须达到的动态资本充足率指标，制定统一的风险防控规则，一方面开放市场充分竞争，另一方面按照制定的标准对所有银行实行无差别的严格监管。我们可以对广播电视业采取一方面全面开放市场，另一方面列出禁止播发清单的做法，规定只要进入市场必须一视同仁地遵守规则，否则予以严肃查处直至关闭并追究法律责任。这样的方法，一是符合市场经济的要求；二是风险将得到更好的控制，比目前由少数单位对行业进行行政性垄断经营的做法更安全，风险更低。

（2）维护大众利益目标与行政性垄断。就均贫富保民生维护消费者和大众利益这一政策目标而言，不但无需通过指定经营者实施寡头行政性垄断解决，而且也不一定通过国家垄断解决。调节收入分配主要应由财政职能实现，包括超额累进个人所得税制度、最低工资制度、社会保障制度等。过去的实践证明，行政性垄断不宜也无力承担此项财政职能。试图通过行政性垄断在国计民生商品上保护消费者利益就更加牵强了。我国食品行业就是一个很好的例证。说到对人民生活的影响，"民以食为天"，食品行业首当其冲，但我国食品行业最早成为竞争性行业，实践证明，不但没有造成价格畸高，反而竞争机制的作用还降低了价格。食品行业中存在的安全问题，不是行业开放的过错，而是食品安全标准缺失、地方保护主义、监督处罚失职的原因。事实上，只有建立行业标准、行业规则，开放市场实行竞争，才能使消费者最大受益，给人民带来最大益处。

（3）保障国有企业主导地位目标与行政性垄断。出于保障国有企业主导地位的这种观点，一是把国有企业控制国民经济命脉简单等同于指定少数国有性质的寡头垄断经营，这实际上混淆了国家所有、国家控制与寡头行政性垄断的区别。事实上，完全可以采用许多国有企业共同竞争的格局。二是这反而不利于国有企业的成长壮大。"梅花香自苦寒来"，任何事物都是在磨炼中才能成长，才能增强实力的，我们要发展国有企业，不是把它保护起来养在温室里，恰恰相反，一定要让它们的环境充满竞争，让它们在激烈的竞争中成长发展。三是市场经济体制的核心规则是，各微观主体一律平等，我国实行市场经济体制的基本路线没有变，应当坚持微观主体平等竞争的根本原则不变。

（4）促进产业发展目标与行政性垄断。通过人为合并企业方式避免过度竞争、做大做强产业观点的问题在于：其一，它以管理者主观上做出的竞争过度判断为根据，替代了市场判断，然而通常情况下只要企业自愿进入市场开展竞争，即说明市场是有利可图的。其二，我国一些产业的确存在利润微薄但企业坚持经营的情况，存在规模较小的众多企业分散在各地区的情况，但如第 5 章所述，这正是行业壁垒缩小投资领域、地方保护主义分割市场的结果。解决办法应是消除行业和区域行政性垄断，而不是制造新的行政性垄断。其三，过于重视经济资源的作用而忽视了制度的作用，没有足够重视竞争机制增强活力、激发创新的效益；只关注了某一产业，而忽视了行政性垄断对国民经济全局造成的运行扭曲和效率损失，这已在第 5 章做了分析。事实上，对于一个产业的发展而言，行政性垄断并无益处。我们要发展哪个行业，不能排他地封闭保护起来；我们要做大做强，不能拔苗助长地把小企业焊接拼凑起来，而应鼓励竞争以优胜劣汰，发展资本市场以畅通市场兼并，通过大浪淘沙的自然法则选择和壮大企业。

（5）增加财政收入目标与行政性垄断。已如前面的分析，行政性垄断虽然在短期内、局部上增加了财政收入，但从长期看、整体看，是造成了财政收入的损失，因此从整个国家的角度看，要增加财政收入是不能实行行政性垄断的。对于地方政府的利益，我们不能不加以考虑，不能要求它们站在国家全局角度处理问题，我们可以在建立机制方面做些文章，通过激励相容的制度设计，使它们从自身利益出发放弃行政性垄断。例如，在财政上，一是可以通过调整转移支付的方向结构，提高消费因素在转移支付资金分配中的权重，将转移支付资金更多向商品净流入地区或称为净消费地倾斜来补助此类地区的财政收入；二是在税收制度设计上，可以更多地采用税源地纳税而非注册地纳税，以更大程度地保障税源地而非企业注册地区的财政利益。因此，无论是增加全国还是局部地区的财政收入，都不必然实行行政性垄断。

2. 实践证明，行政性垄断非但没有达到政策制定者期望的作用，反而南辕北辙，适得其反

无论是我国近代实行的行政性垄断还是近几十年行政性垄断的实践，已经充分证明，行政性垄断没有也无法达到预期作用，反而背离了政策初衷。

在安全稳定方面，目前行政性垄断情况下风险太过集中，风险更大，因为一旦行政性垄断寡头出问题，企业自身的风险将直接成为整个行业的风险；一旦行政性垄断寡头被敌对势力控制，将立即造成重大的社会经济波动。把维持金融秩序寄希

望于金融垄断的人会发现，我国的垄断金融企业违规行为屡禁不绝，金融危机的可能性存在。把维持社会稳定寄希望于广电垄断的人会发现，电视节目中有时出现一些道德法律边缘的节目。相反，如果让原本在这些行业之外的大型国有企业进入该市场，参与竞争开展经营，就会出现安全问题吗？就会使宣传工具等脱离我们的控制吗？欧美电台、电视台多为私营，但它们却坚定地维护本国利益和社会制度。

在维护大众利益方面，行政性垄断政策导致了行政性垄断集团与社会大众的分离对立，制造了新的社会群体矛盾；行政性垄断时常损害消费者和大众利益，却有几人能讨回公道？

在维护国有企业主导地位和促进产业发展方面，用行政手段保护也同样不利于壮大国有企业，不利于产业发展，反而容易使企业规模巨大但毫无竞争力可言，变成大而不实的虚胖子。中国的四大国有银行在政府扶持下资产规模位居世界金融界前列，但其竞争力、市场适应力、效率和服务质量如何是人所共知的。

在财政方面，如前面第5章分析行政性垄断的影响机理所述，试图通过行政性垄断增加本地区财政收入，实则形成了囚徒效应，是相互损害的做法，从长远看、整体看，潜在的财政利益受到损失。

3. 转变观念，突破旧管理思路和方法，采用符合市场经济要求的理念与管理方法势在必行

那种怕乱而封闭市场、拒绝开放竞争的想法，是认识上的误区，旧体制、旧管理方式的思想方法，是闭关锁国思想的继续。如果我们还不转变思路，仍把保持稳定、维护秩序、加强

管理简单地与行政手段、与政府对企业、对市场行政干预控制的多少、强弱联系在一起，就难以走出几十年来"一放就乱、一乱就紧、一紧就死、一死就放"的怪圈。过度依赖行政手段，这是落后的管理思路和管理方法，说明我们目前的管理能力与市场经济的要求相比还有很大差距。我们应当而且必须转变管理思路，提升管理能力，尽快建立和使用符合市场经济的监管方法。如同一个人的成长一样，政府的管理经验和管理水平也不是与生俱来的，总有一个在实践中不断摸索、不断学习的过程。只有实践才能出真知，没有市场经济的实践，是永远不会有市场经济的管理经验的。中国能够而且必须在实践中学会市场经济条件下的管理方法。

7.2.2 深化行政管理体制和财税制度改革，消除行政性垄断基础，做好体制准备

1. 按照市场经济要求改革和定位政府职能，明确事权划分

对于市场经济国家来说，政府与市场的边界应是清晰的；从世界多数国家特别是经济发达的国家情况看，不同层级的政府在事权是各有分工的。为此，要推进政府职能即事权改革，首先按照"市场优先"原则将政府职能明确限定在维护交易秩序、提供公共物品、做好宏观调控三个方面，在此基础上，再划分中央与各级地方政府事权。

（1）以立法规范政府职能，捍卫市场经济体制。市场经济体制下的政府职能与计划经济体制必然不同。计划经济体制下，政府无所不包；市场经济体制下，按照市场经济国家通常

的做法和公共财政学理论，主要应限定在提供公共物品。但在现实生活中，政府开展活动并不是以财政学理论作为基本遵循的，因此需要有法律加以规范。因为一个国家如果没有约束政府事权范围的规定，政府活动没有硬的制度边界，很容易越界行事，破坏微观主体的独立决策权，从而改变分散决策、自愿交易条件下的资源配置状态，使市场机制无法真正有效发挥作用。一旦出现这种结果，如果管理当局没有正确认识是政府的越位行为动摇了市场经济的根基造成了问题，而是把问题归咎为市场失灵，则会加重人为干预，进一步损害市场机制和经济运行。为了避免这种可悲情况的发生，以法律形式明确规定政府的事权责任，规定政府与市场的职能边界，对于市场经济国家尤为重要。遗憾的是，到目前为止我们没有这样一部明确规定政府事权的法律。应当通过立法，规定政府与市场的职责边界，实现政府事权法定，做到"法无授权即禁止"，坚决杜绝政府与市场边界不清造成的政府职能随意扩张、替代市场作用、损害市场机制的情况。

坚定不移地实行市场经济体制，就应当坚持"市场优先"的原则，坚持"小政府、大社会"的市场经济基本理念不动摇。市场经济条件下，政府经济管理职能的主要内容要转变到维护交易秩序、提供公共物品、做好宏观调控三个方面上来。政府首先要做好维护交易秩序的职能，其中最重要的就是破除行业壁垒、区域封锁等行政性垄断，建立全国统一大市场，这是市场机制得以正常作用、资源要素得以合理配置的基础。其次做好提供公共物品职能，由于公共物品的特性，它们是市场机制自身无法有效提供的产品，比如环境卫生、市政建设等，需要政府提供。政府在必要时还应对宏观经济实施调控，调节总供求，避免大起大落，熨平经济波动的皱纹，减轻资源损耗和社会震荡。

政府不应当介入私人物品的生产供应，因为只要交易规则是公平的，微观主体之间直接进行市场交换最能实现资源合理配置。政府不应当直接干预微观主体的生产经营活动，即使在一段时期内出现了供求失衡、库存积压的局面，即使有许多企业因此面临破产倒闭，还是应当尽量让市场机制进行自发纠正，或者国家给予信息引导、实施一视同仁的财政货币政策等宏观管理。若政府动辄亲自出马替代或指令企业决策，一是决策很可能也有偏差；二是政府管制本身就耗费大量资源。

（2）明确各级政府间事权划分，各司其事不交叉重复。要使集权与分权相协调，就必须实现从行政分权向法律分权的转变。通过立法，全面、系统、明确地规定各层级政府之间的事权划分；通过将地方政府事权由上级政府授权转变为法定授权，改变目前各级政府做同一件事，事权趋同重叠，层层布置抓下级的做法。要将各级政府的职能区分开来，不同的职能分别由不同层级政府承担，各司其事，分工负责，提高效能，减少重复劳动和重复开支。只有运用法律手段，才能从根本上解决合理划分中央与地方事权、理顺中央与地方行政关系的问题，法律手段较之行政手段更具有强制性、稳定性。

中央政府应承担的具体职能有：建立和维护全国统一市场，制定全国范围的法律和统一标准，提供全国性和跨区域的公共物品，调节发展差距，调控宏观经济稳定增长。

要重新定位地方政府职能，将地区经济增长速度等交还给市场，地方政府应更多承担与地方人民生活、地方社会发展有关的职能，如地方民事规则制定维护、纠纷调解、市政管理、环境治理、生活健康、公益服务等职能。

2. 深化机构改革，归并行业管理机构

我国中央政府有26个部委，但还有不少国家局和直属机构在相对独立地开展工作，对国民经济实行分行业监管。地方政府机构的设置，省、市、县多是按照中央模式建立的。过多专业部、局继续各自按照行业对企业进行管理，只会使部门利益、地区利益体现在行政管理上，强化本位主义，制造"山头经济"，增加行业或地区封锁的可能性。在西方国家，地方政府管理经济的职能部门一般都只设财税局、经济局、公共事业局。

对部、局的整合是有效避免行业行政性垄断的措施。应将目前按照经济行业设置的各专业部、局，包括工业和信息化部、农业农村部、水利部、商务部、文化和旅游部、自然资源部、生态环境部、住房城乡建设部、交通运输部、广播电视总局、林业和草原局、粮食和物资储备局、能源局、铁路局等，合并成一个统一的通商经济部，且不按行业或地区设置司级内设机构，彻底解决各部委按行业分割管理经济的做法，杜绝部委对所管理行业、对行业行政性垄断寡头企业的保护。地方政府也应按此模式对机构进行改革。

对政府层级的精简是有效避免区域行政性垄断的措施。撤销地市级、乡镇级政府，把目前五级政府体制精简为中央—省—县三级。消除乡镇政府按行政区划分割封锁市场造成的市场空间狭小继而市场主体小而全的情况。

对于机构裁撤合并后精简下来的公务人员，将在本书随后提出的新增机构和工作任务中安排使用，以实现政府职能按市

场经济要求转变。

3. 实现国家管理经济主要手段的调整

在市场经济条件下，政府履行经济管理职能的方式，也要由直接管理、由微观管理向宏观管理转变，由行政命令指令向运用法律手段和经济杠杆转变。这意味着传统的行政手段、行政命令、行政性垄断应当逐步淡出经济生活，而财政政策、货币政策等市场经济国家通行的政策措施应当大大强化。适应这一转变，要求财政和金融管理在两方面做出重大突破：一是财政和金融管理要更广泛地参与到国家经济管理活动中，财政和金融管理的活动范围将超出传统边界；二是财政政策工具、货币政策工具必须大大丰富完善。这样财政和货币两大政策才能承担起市场经济条件下调控管理经济的主体责任。

4. 完善政绩考评体系

与职能转变相适应，在对地方政府的政绩考核中，淡化经济增长指标，增加并重视各类与人民群众生活、与社会发展、与城市管理紧密相关的指标，如平均里程上下班时间、人均绿地、污染物排放量、人均病床数等等，用恰当的业绩指标体系引导地方政府行为。

5. 优化财税制度，增强地方财力，鼓励开放共赢

（1）深化分税制改革，构建财力与事权相匹配的财政体制。为了维护和增强社会活力，应当坚持分税制财政体制。在此基础上解决地方财力不足问题，要将财力与事权进行匹配。

一是按照政府间事权划分，在各级政府间划分收入来源。

适当调整中央与地方税源划分，完善省以下分税制财政体制，根据需要开设新税种作为地方税种，完善地方税体系。例如，将消费税划给地方，以增强地方财力；增设零售税作为地方税，使商品销售地获得财政收益而不再设置行政壁垒；允许地方结合当地自然禀赋和风俗特点开设小税种如地方特产税作为地方税。二是适当提高共享税的地方分享比例，充实地方财力。使各级政府都得到履行事权需要的财力来源，消除地方政府实行行政性垄断的动力。

需要说明的是，在建立统一市场、解决行政性垄断问题上，完善地方税制是一把"双刃剑"。一方面，完善地方税制有利于增强地方财力，解决地方财力与事权不匹配的矛盾，消除区域行政性垄断的动力；另一方面，由于完善地方税制包含着增强地方财力与赋予地方一定的税收管理权双重含义，如果地方税收管理权太大，可能出现各地税收负担差别过大的现象，反而不利于全国市场的统一。当然，在各级政府间事权和财力划分清晰的前提下，市场机制会发挥一定程度的自动调节作用，过低税率难以维持政府机构运转，过高税率会流失资源，各地经过一段时间的竞争后，最终税率应该能趋于保持在差别不很大的状态。但是，我们在设计地方税制时也应未雨绸缪，趋利避害，可考虑由中央规定地方税种的基准税率和浮动区间，各地在区间内有一定浮动灵活性；可将更多税种采用中央地方共享方式，建立以财力划分为主、财权划分为辅的分税制，在增加地方财力的同时维护市场统一。

（2）完善税收制度，使地方利益与开放市场实现激励相容。在税收制度设计上，应当对更多税种实行税源地收入归属而非注册地收入归属，以更多地保障税源地而非企业注册地区的财政利益，鼓励税源地开放市场，消除壁垒。对全部企业包括巨型央企的所得税一律实行在中央和地方之间按比例分享的办法，让地方参与税收分享，不搞例外事项，避免对地方保护主义形成利益刺激，解决税收制度激励地方政府设置归属自身的银行企业并加以行政保护的问题。税收制度的设计应当坚持中性原则，尽量避免税收对市场配置资源的干扰。

（3）调整转移支付制度，建立对商品净输入地区的利益补偿机制。在转移支付制度的设计上，更多地考虑商品净输入地区即净消费地的利益，例如，提高消费因素在财政转移支付资金分配中的权重，通过加大转移支付力度，给予此类地区以利益补偿，弱化其封闭市场的行政性垄断行为动因。

（4）完善行政单位自筹收入管理制度，实行收支脱钩。发达市场经济国家非税收入规范管理有三个共同特点：一是法制化管理程度很高，从收费项目和收费标准的确定到非税收入的使用都有一个严格的法律程序；二是非税收入预算统管，所有非税收入都纳入了财政预算进行统一管理，即使某项收费规定了使用方向，也要参照预算内资金来管理，以确保资金的使用效率；三是管理过程民主化，围绕公开、公平、公正的原则，这些国家开征一个收费项目，都要广泛征求意见，邀请缴费人参与论证。[①] 加拿大、澳大利亚、新加坡、芬兰等国的非税收入管理方式是由政府统一安排使用，不与有关部门和机构的支出挂钩。[②] 我国在这方面还有进一步完善的余地，对行业主管

[①] 齐守印、王朝才：《非税收入规范化管理研究》，经济科学出版社2009年版，前言第3页。

[②] 赵全厚、马洪范：《政府非税收入管理：国际经验与中国选择》，载于齐守印、王朝才：《非税收入规范化管理研究》，经济科学出版社2009年版，第86页。

部委、行政单位组织的自筹收入，应在目前纳入预算管理的基础上，实行收支脱钩的办法，不再由行政单位支配，而将收入全额上缴国库，由财政部门统一调度统筹管理安排，清除部委的行业利益和行业保护主义。

（5）严格财政管理，清理财税优惠政策。对一些地方为了招商引资违规减免税收的做法，应当进行清理整顿。要加强立法，完善管理制度，规范政府对企业给予财政补贴、土地优惠等行为的管理，明确决策主体、决策程序、适用情形等。于长革在《新常态下财政稳增长的逻辑》指出，美国规定"间接税率必须全国一致，即关税、国内货物税等间接税的税率各州必须一致，以避免因税负差异而影响市场竞争效率"，"各州不得对进口货物和出口货物征税"，"三级政府对某些财源都有征税权，但联邦政府有优先权"。[①] 可见，美国作为一个联邦制国家，各州之间政治独立性强，州对本地的社会管理权力大，但是却十分重视经济上的统一性，重视维护全国统一市场。

7.2.3 建立标准体系和紧急动员制度等安全屏障，防范化解风险，做好安全准备

1. 制定执行经营行为标准和经营状态标准，保障国家安全

（1）标准建设是市场经济的基础。破除行政性垄断，绝不是对市场放任不管，恰恰相反，市场越开放，管理越要严格。

[①] 于长革：《新常态下财政稳增长的逻辑》，经济科学出版社2015年版，第205页。

只是不再采用行政性垄断这个扭曲资源配置的极不规范做法，而是要实行与以前不同的全新管理，这种管理更加复杂，更加广阔，任务也更重。在破除行政壁垒的同时加强对市场的管理，意味着政府对市场的管理实现三个转变：在管理环节上，从传统的入口管理转移到对进入市场后经营行为的管理；在管理方式上，从行政审批转移到实时监管；在管理对象上，从关注少数几个重点企业转移到对全部市场活动的广泛监管。转变后才是真正与市场经济体制相适应的现代政府管理经济方式。这对管理提出了更高的要求。这三大转变集中体现在建立覆盖各个经济门类、关于经营行为和经营状态的、所有微观主体都必须严格执行的标准体系。

（2）完善社会经济安全立法。国家以立法形式制定发布覆盖各个经济门类的经营活动标准体系，要求所有进入市场开展经营的企业都必须一视同仁执行这些统一规定。经营行为标准主要是关于遇到哪类情况时企业必须做什么、不得做什么的规定，比如许多国家包括我国都制定了股票单日涨跌幅超过一定区间实行停牌即禁止买卖行为的规定。经营状态标准是关于企业在经营过程中必须保持的状态的规定，比如《巴塞尔协定》规定欧盟国家的银行资本充足率（资本总额与加权风险资产总额的比例，反映银行在存款人和债权人的资产遇到风险时，能以自身资本承担损失的程度）必须保持在8%以上。长期以来，我国在标准建设方面做得较少，基础比较薄弱。

适应市场经济的需要，在破除行政性垄断、全面开放市场以前，必须抓紧制定覆盖各个经济门类的经营行为标准和经营状态标准，以保障国家安全利益。为确保社会安全，尤其要在广播电视行业制定必须播发、禁止播发清单，制定不得发布违背国家法律的言论报道的规定,为全面开放媒体市场做准备;为确保经济安全,尤其要在金融行业制定包括资本充足率在内的经营状态标准,制定包括不得场外融资在内的风险控制准则等经营行为标准,为全面开放金融市场做准备;为确保健康安全,制定完备的食品安全标准等等。专业部、局合并后精简下来的一部分公务人员,应当调整用于加强此项工作。

(3)严格社会经济安全执法。对所有市场主体一视同仁依标准执法。不论国有大企业还是私人企业,不论原行政性垄断企业还是新进入市场企业,只要违反标准,一律查处。

总之,在开放市场、全面竞争的同时,实施一视同仁、全面、同标准的常态监管。通过两手抓,两手硬,确保同时实现繁荣与秩序、开放和安全。

2. 重视发挥事业单位的作用,建立紧急动员制度

目前处于行政性垄断地位的一些国有寡头企业,一方面享受着政府给予的特殊保护,享受比一般市场主体更多的市场机会与优惠;另一方面往往承担了一些国家战略任务,承担着比一般市场主体更多的担子。这种政府与行政性垄断国有大企业的错综复杂关系,使得我们的市场经济体制很不规范,而不规范的体制必然造成资源的扭曲配置,也没有起到保障安全的作用,有害于国家。消除扭曲的机制,使市场良好发挥作用,应当取消对其特殊关照,取消其享有更多市场参与机会和盈利机会的权利,使其成为与其他市场主体完全平等的一员,建立所有市场主体平等竞争的规范的市场经济体制至少是国有企业平等竞争的体制,同时,把国家战略任务分离出去。对于分离出去的国家战略任务,一部分由事业单位承担,一部分通过国家

强制力量建立紧急动员制度解决，通过规范健康而非扭曲的方式实现国家战略任务以及国家对资源的管控。

（1）支持事业单位发挥作用。市场机制能够有效解决的是社会有效需求而不是国家战略需要。社会有效需求，在主体上是社会大众而不是作为管理者的政府；在时间跨度上是当前现实存在的直接需求而不是潜在需求；在性质上是有货币购买力的需求而不是普通需要。简言之，市场机制解决的是商品消费者的需求。对于国家战略任务，有一部分可以通过政府向社会购买、创造市场需求加以解决，但这种方式有较强的前提限制：一是政府清楚知道所需具体商品，比如国家要研制某种战机，要清楚明确地说明各项技术性能要求；二是在这个国家市场经济已经高度发达，有相应的市场，且接受任务者有足够的财力或其背后有财团支持，否则，一旦它与政府签订了研制合同又不能按要求履约拿出产品，最后是政府作为购买者损失财力和宝贵的开发时间，这显然与市场经济下买卖双方应当承担的责任不符。

事实上，许多国家战略任务，政府都很难事先预知会得到什么具体结果，如对宇宙状态的研究、对生命本源的探索、对历史文化的考证等。然而正是这种不具体、不明确的国家战略任务，对国家的影响才更为深远，真正的价值来自承担任务的过程本身。各行业的这些领域，如果市场主体愿意自主参加，我们当然双手欢迎，但政府不能退出或放弃对这些领域的涉足，这是国家战略的需要，也正是事业单位的职能。实际上，事业单位并非像一些媒体所说是我国独有的，在西方国家甚至市场经济发展到极致的美国，都有大量国立机构、州立机构存在，承担国家战略任务。正是它们的存在，保证了经济技术领域的持久深厚动力和精神文化软实力的强盛。当前有观点主张把事业单位全部推向市场，这种极端化的思维方式，会危害到国家和民族的长远发展。

从行政性垄断企业剥离的一些国家战略任务，如科研任务、海外公民救助任务等，应划归事业单位承担，这本是事业单位不同于企业职能之处，即实现企业和事业的职能分流，各司其事，回归本源，规范运行。事业单位工作经费由一般公共预算保障。事业单位认为有必要时，可以再通过政府购买服务的方式委托任何企业承担，并按规定向国家财政申请预算。财政有义务、有必要为事业单位开展工作、发挥职能作用提供财力保障，这是国家必需的支出。

（2）建立紧急动员制度。消除行政性垄断之后，为了增强国家对重要行业的管控、对重要资源的掌握，要通过立法建立紧急动员制度，规定紧急状态下国家依法可以管控、动用全社会任何资源。这样，就使国家通过规范化、法制化渠道拥有了比行政性垄断时期更广泛更强大的资源权力，同时比实行行政性垄断的做法规范得多，也健康得多。

7.2.4　以法令取消行业和地区壁垒，全面开放市场，实现公平竞争

对于已存在的行政性垄断寡头企业，没有必要采用通过行政手段强制拆分的极端措施。对于行政性垄断行业和地区，国家只需要颁布法令，撤销行政性垄断寡头企业垄断市场的权力即撤销行政准入壁垒，规定所有达到既定条件（可以根据具体情况设置专业技术条件、资本规模条件以及所有制条件等）、

愿意遵守法律的企业均可自由进入经营，并对设置进入壁垒或对具备同等条件的市场主体采取差别对待歧视性政策而不一视同仁者，给予严厉处罚即可。正如亚当·斯密所说："所有偏重或限制的体系被完全取消以后，明显的和简单的天然自由体系，就自行建立起来了。"① 这样，市场通过自身的力量，通过利益机制的引导，就会逐步趋向最优配置。

1. 修堵制度漏洞：完善立法，制定专门反行政性垄断的系统性法律法规

目前我国的反垄断法对行政性垄断做出了原则性的禁止规定，但只是在第五章做了很短篇幅的规定，较粗较原则。应当借鉴东欧各国和俄罗斯原计划经济体制国家转轨时期的做法，颁布专门的禁止行政性垄断的法律。要细化法律条文，规定设置行政壁垒、对市场主体采取差别对待歧视性政策、有违公平竞争原则的行为均属非法，坚决禁止；要规定执法主体，规定执法程序和诉讼程序，规定量刑标准如经济上具体如何处罚、行政和刑事上承担多重的责任等，提高法令的可执行性。

2. 强化监管力量：设立国家公平交易委员会，作为反垄断专门机构

设置独立于行政机关之外的专门性反垄断机构，如国家公平交易委员会，以适应破除行政性垄断、维护市场经济体制的需要，专门、主动、从严查处各行业、各部门、各地区的垄断尤其是行政性垄断，坚决破除行业壁垒和地区壁垒，纠察订单

---

① 亚当·斯密：《国富论》，杨敬年译，陕西人民出版社2001年版，第753页。

优先等歧视性行为，消除不公平竞争。专业部、局合并后精简下来的一部分公务人员，应当大幅用于开展此项工作。

3. 严格执法司法：查处违法制度和违法行为

对地方政府、行业主管部委甚至中央政府名义出台的涉嫌以行政手段干扰公平竞争市场秩序的法规，由国家公平交易委员会提请全国人民代表大会审议撤销该法案。任何公民或者法人认为某项法律或制度可能损害公平竞争的，可以向国家公平交易委员会举报，或者向出台法律制度地方的同级法院提出诉讼请求，由司法机构按照一审、二审程序进行裁决。

对地方政府、行业主管部委甚至中央政府名义涉嫌封闭市场，阻止新企业正常设立或者限制其他行业或地区的企业进入本行业或区域市场参与竞争的行为，或者以行政手段对少数特定企业实施偏袒性保护，对企业采取差别对待歧视性政策的，由国家公平交易委员会予以查处。任何公民或者法人发现政府部门此类违法行为的，可以向国家公平交易委员会举报，或者向实施行为地方的同级法院提出诉讼请求，由司法机构按照一审、二审程序进行裁决。对于其中有政府机关工作人员与企业存在利益交易的，同时追究有关人员刑事责任。

4. 提升监管能力：大数据、云计算，跟上时代步伐

中国地域辽阔，人口众多，中央部委、省级政府做出的行政性垄断容易被监管机构和舆论发现，但有些存在于基层行政区域的行政性垄断，就不易被中央监管部门察觉到了。这些行政性垄断行为也同样造成资源配置的扭曲，损害着市场经济体制的根基。实践还表明，当中央反行政性垄断力度加大时，地

方行政性垄断特别容易由明变暗、由公开转入地下,不再下发红头文件,而是以开会传达、口头通知等方式继续实施,并披上合法外衣,这些都加大了监管难度。为此,国家公平交易委员会应当充分运用现代科技手段,通过大数据、云计算等信息技术,通过对海量成交信息和资金流动数据进行归集和智能识别分析,在基层行政区域捕捉某类交易过分集中在少数企业的异常状况,精准定位和处理行政性垄断行为。

7.2.5 建立适应充分竞争和要素自由流动的保障制度

1. 完善社会保障制度

适应充分竞争、要素自由流动的体制,应当完善社会保障制度作为辅助性政策。破除行政性垄断,竞争充分后,一部分不能适应市场需要或者劳动技能较低的劳动者会失业,为此,应当完善社会救助、失业保障制度,为劳动者提供稳定的生活保障。

2. 实施就业促进政策

与充分竞争、要素自由流动的体制相适应,政府可以支持开展一些公益性就业培训活动。破除行政性垄断,要素自由流动以后,劳动者在产业部门间、区域间的流动性会增强,摩擦性失业会增加。适应这种间歇性失业,应当支持举办公益性就业培训,这些公益培训可以定期通过现场举办,或者通过电视、互联网等媒体向社会免费发布,培训内容主要集中在实用技术领域,只要认真接受这些培训就能够学会,具体内容应根据市场需要进行调整。以便帮助愿意就业的失业者能够学会市场需要的技能,尽快恢复就业。开展这些活动所需的费用支出,财政应当安排财力予以补助或者保障。

7.3 自然垄断、国企重组、公共物品等特殊领域行政性垄断的治理

对于自然垄断行业、公共物品领域应否以及如何破除行政性垄断,中央政府或地方政府的国资部门或财政部门重组企业建立大公司是否可以适用于反行政性垄断的法律加以规制等问题,人们看法不尽一致。笔者认为,造成这些不一致的主要原因是其中还存在一些模糊的认识。本节尝试对这几个特殊情况提出处理方案。

7.3.1 存在于疑似自然垄断行业中的行政性垄断

解决这一问题的关键在于理解自然垄断的实质。自然垄断是与规模经济紧密相连的。如第2章所述,自然垄断是率先进入规模效益行业的企业,以低成本优势使后来者望而却步;行政性垄断是凭借行政控制力或制度安排,人为限制或阻止竞争。即便某行业属规模效益行业,但如果凭借的不是规模效益产生的低价优势这一经济手段阻止竞争者,而是凭借行政干预阻止竞争者进入,仍应属于行政性垄断。为此,我国目前被认为自然垄断的一些行业如电力、铁路等,实际上是行政性垄断,应予破除。至于这些行业经过若干年竞争的结果会不会走

向自然垄断，即是否达到了少数甚至只1家企业经营最有效率的规模经济程度，尚未经过市场检验，并不可知。应充分发挥市场的作用，让实践选择，而不是政府的主观判断。

　　破除这类行政性垄断有两种具体做法：一是本书前述消除行政性垄断的系列措施，消除壁垒，鼓励进入，实行平等竞争。采用这一做法，消除行政壁垒后，会有一些有实力的企业进入市场，它们会重新投资建设自己的基础设施开展经营，这在国外实践中非常普遍。二是国家利用现有的基础设施，将运营权限定期限如10年、20年等向社会公开招标。这样，由于有外地同类企业的效率比较，由于存在到期后被其他企业替换掉的潜在竞争，按照美国新福利经济学家威廉·鲍莫尔的"可竞争性理论"，这样的潜在竞争同样有效。需要说明的是，本书提出的这两种具体做法与"拍卖不限期特许经营权"方式不同。笔者认为，拍卖不限期特许经营权看似竞争，但取得特许后仍为独家经营，市场竞争不复存在，无法达到本书提出的第一种做法即消除行政壁垒形成的现实竞争；拍卖特许经营权如果不设定运营期限，则不会形成潜在竞争，无法达到本书提出的第二种做法即招标限期运营的"可竞争性"效果。

7.3.2　国有企业重组中的行政性垄断

　　解决该问题的关键在于分清国有企业重组中哪些做法是与行政性垄断相关联的。笔者认为应当从三个方面进行考虑：

　　（1）在通过重组建立大公司的同时，是否辅以行政手段设置市场壁垒，阻止外部企业进入市场或者阻止其他新企业建立；是否以行政手段给予组建的大公司订单优先等特惠照顾，对其他企业相对采取了歧视性政策，破坏公平竞争。如果有此情况，属行政性垄断，应适用本书前述消除行政性垄断的系列措施，消除壁垒，鼓励进入，实行平等竞争。本书中关于组建中石油、中石化同时不再批准新设石油石化公司的例子，组建山西煤炭运销集团同时以行政审批对煤炭运输生产进行控制的例子，属于此类行政性垄断。

（2）重组合并的企业中，是否包含管理者不拥有所有权的企业。如是，则是在使用行政手段干预市场，属于行政性垄断行为，应适用本书前述消除行政性垄断的系列措施，由国家公平交易委员会宣布该重组行为非法，予以查处。

（3）如果国资部门或者财政部门以所有者身份对拥有所有权的企业进行整合重组，但不禁止其他企业开展竞争，则属于所有者行为，不是行政行为，不属于行政性垄断范畴。至于要不要禁止，应适用普通的反垄断规定即反经济垄断的规定，而不适用反行政性垄断的规定。笔者认为，对于一切企业，不论国有企业、股份制企业还是私营企业，可以借鉴西方国家反垄断的做法，规定合并后市场占有率超过一定比例比如70%，则禁止合并。

7.3.3 破除行政性垄断与国有化私有化

破除行政性垄断是消除行政壁垒，实现各企业一律平等的公平竞争，没有要求国有企业从市场退出。破除行政性垄断后，新进入行业或区域市场的企业，可能有民营企业，也可能是来自其他行业、其他地域的国有企业。因此，这一政策不涉及国有化或者私有化的问题。

7.3.4 公共物品领域的行政性垄断

1. 一般而言，公共物品也应消除行政性垄断

公共物品理论的内在逻辑是，由于公共物品具有非排他性、非竞争性，我们无法使公共物品被一部分人享用时排除另一部分人享用，或者排他成本过高，会出现"免费搭车"现象，不论对一个还是一群消费者，需要提供的公共物品数量不变，这些特点决定了提供公共物品对市场主体来说是十分不划算的，所以私人不会去提供公共物品，市场机制下公共物品的供给无法自动满足需求，即市场失灵发生，因此需要由政府提供公共物品。可见，政府提供公共物品的依据在于市场主体不愿提供，供给无法满足需求，换言之，如果市场主体愿意提供，在正常的市场机制下供给可以满足需求，则国家没有理由越俎代庖取代市场，这样的物品也根本不是公共物品而是私人物品。所以，在政府提供某项物品时，不管人们在主观观念上是否把它视作公共物品，如果市场主体愿意进入该领域从事经营活动，则政府没有理由设置行政壁垒阻挡市场主体进入行业提供该物品，公共物品领域理应破除行政性垄断，适用本书前述消除壁垒、鼓励进入，实行平等竞争的系列措施。

2. 对主要承担社会职能而非经济职能、若由市场广泛承担反而不利于社会职能目标的极少数特种公共物品，不应实行消除行政性垄断政策

公共管理和教育两大行业，主要职能应定位在社会职能，而不是经济职能。

公共管理,包括立法、行政、司法等,即对国家的管理,其主要职能是制定政策、维护秩序,实行对外协调和对内管理,保障人民生活长治久安。该职能属于社会职能,不是经济职能,如果实行市场规则,公共管理者以自身经济利益最大化为行动原则,那么社会将充斥权钱交易,无公平性可言,或者如果允许其他机构进入,同时承担该职能,社会必然陷入混乱状态,因此公共管理不能破除行政性垄断。事实上,也没有任何一个国家这样做。

教育是民族的根基,是文化的源泉,一个国家的文化是历史上经久不息的教育堆砌形成的,它是民族血脉传承的保障。教育的主要职能在于对文化的补充、提炼、传承、扬弃,在于发挥开启民智、摆脱蒙昧、涵养与鞭策灵魂的社会作用。每当国家危难的时候,有识之士便对教育充满期待,并致力于通过教育实践来启发人民的智慧和志气。不但是中国,世界其他国家也是这样,几乎任何一个能够长久屹立国际舞台的真正强国都高度重视教育。正是由于教育不同于其他行业,它的主要功能是社会职能而不是经济职能,所谓"以文教化以化成天下"。市场机制是消费者需求导向机制,适宜诱导实现经济职能,在促进实现长远的社会文化目标方面不是它的强项。如果实行市场化,破除行政性垄断,不但无助于其主要承担的社会职能,反而可能出现过度迎合消费者需要而忽视社会职能的情况,损害社会职能目标的实现。因此,对于教育行业,应实行准入审批,一方面严把教育机构承担社会职能的能力关(不是审核承担经济职能的能力),另一方面把市场竞争控制在有限幅度,使教育工作者专注教育而非经济竞争。

综上，我们不能陷入市场万能论，公共管理、教育两大社会职能行业不能推向市场，也就不涉及消除行政性论断的问题。

当然，我们也要防止文化泛化倾向。有人把文化理解成文艺，这实际上是扩大了文化的范围。文化是思想，是渗透在行为中的精神、态度、做法；文艺是表演、展现，以电影电视、戏剧歌舞、吹拉弹唱为主体，以丰富人民生活、休闲娱乐、实现盈利的经济职能为主要职能，有些优秀的文艺作品可能兼具启发作用。因此，文艺与其他经济职能行业没有区别，应当市场化。

3. 公共物品具体提供方式可引入竞争机制

公共物品虽然主要由政府提供，但不一定由政府直接生产。对于所有公共物品，包括公共管理和教育两大特种公共物品在内，都可以采用由政府向市场主体购买、再向社会提供的方式，以提高公共物品供给效率。

7.4 以反行政性垄断政策支持供给侧结构性改革

7.4.1 反行政性垄断政策与供给侧结构性改革目标是统一的

从本书分析可以看出，我国当前经济下行压力大、需求不足、供给结构不合理，有行政性垄断这一深刻的体制机制原因。它与西方国家体制运行总体健康，只是出现周期性波动的情况有很大不同。原因不同，解决问题的对策就不可能相同。单纯依靠刺激需求的宏观调控政策，无法解决我国经济发展面临的问题。为此，必须着眼于供给侧，努力深化体制改革。

7.4.2 反行政性垄断政策有利于解决我国长期存在的结构性矛盾

如第5章所述，行政性垄断造成了我国供给过剩与供给不足同时并存的局面。通过消除行政性垄断，破除市场间的壁垒，实现资本、劳动力等要素的自由流动、自发配置，可以解决壁垒一侧有需求但外部资本与劳动力无法进入开展经营，供给不足的状况；可以解决壁垒另一侧竞争过度、资本与劳动力堆积但无处分流，供给过剩的状况。因此，实施反行政性垄断改革，破除市场壁垒，是供给侧结构性改革的需要和题中应有之义。

7.4.3 实施供给侧结构性改革，要把握好政府作用的范围和深度

破除行政性垄断这个扭曲的体制，建立规范健康的市场经济体制，市场自身无法完成，必须依靠政府的强力推进才能实现。从这个角度看，不论消除行政性垄断还是推进供给侧结构性改革，政府都要发挥重要作用。但是，当前行政性垄断条件下市场之所以无法有效发挥资源配置作用，而是导致了资源配置的扭曲，正是因为政府设置了行政壁垒，政府对市场的人为

干预造成的。因此，在实行供给侧结构性改革时，应当处理好政府与市场的关系。

（1）政府作用范围应限定在解决体制机制问题上，尽量不介入对经济结构的直接干预。因为解决了体制机制问题，市场就会引导资源流向最需要的地方了。人民需要什么，市场比政府更有发言权。

（2）对于政府非常希望发展的行业，政府可以制定间接性诱导性产业政策引导结构升级，而不应强制推动，以免政府决策不符合社会需要造成重大损失。

（3）随着改革的逐步完成，政府应逐步退出，把资源配置权交给市场。

第 8 章

本书启示

8.1 主要结论总结

（1）行政性垄断人为干预要素流动和配置，阻碍竞争，造成市场主体的机会不均等，其本质是超经济性、歧视性，具有明显的反市场性质。

（2）通过对国内外行政性垄断的历史考察，得到诸多启示。

从国外情况看：围绕行政性垄断的斗争，核心是利益共享还是利益独占问题。行政性垄断不仅是经济体制转轨过程的产物，而且是市场发育起始阶段的产物，还是原有市场面对更广阔市场时的可能产物。自由竞争文化的确立，是清除行政性垄断的治本良方。联邦或中央政府拥有高于地方的经济管理权，是治理区域行政性垄断的坚实保障。国家集中配置资源方式，可以受益一时却不能收效长久。转轨国家制定专门的反行政性垄断法规十分必要。

从我国情况看：从洋务运动历史可以看到，行政性垄断短期内增加了国库收入，却无法实现祖国繁荣的梦想，是南辕北辙的政策。从民国历史可以看到，行政性垄断无助于控制贫富差距，反而形成了新的分配不公——行政性垄断集团与广大人民群众的利益对立。从计划经济历史可以看到，这一体制包含着行政性垄断的因素但不是行政性垄断。从改革开放以来历史可以看到，行政性垄断与我国渐进性改革的路径选择具有密切关系，它是各行业、各地区市场化进程不一、逐步开放形成的，是分配领域改革先行造成的，改革的不同步性造成了行政性垄断。

（3）当前我国行政性垄断的原因。把维护安全稳定、促进产业发展、国有企业主导地位等与行政性垄断联系到一起，这些观念上的偏差与误解，是行政性垄断的重要认识论根源。政府职能尚未清晰界定、条块分割管理经济的组织架构、倚重行政手段，以及财力与事权不匹配的央地财政体制、有利于生产地而非消费地利益的税收制度等，是行政性垄断的现实体制原因。行政性垄断在我国也具有深刻的历史继承性和文化渊源。

（4）行政性垄断在宏观经济中的传导机制与影响。尽管行政性垄断在我国改革开放初期曾发挥了重要历史作用，维护经济秩序和社会稳定，减轻了转轨风险，缓解了财政压力，实现了改革开放的破冰起航，但目前已成为进一步发展的重大障碍，也无益于国家的稳定安全，无法实现政策初衷。行政性垄断在经济系统中的传导机制可概括为 BME 传导机制，即基础制度—市场机制—经济表象传导机制。行政性垄断作为一项扭曲的基础制度，通过市场机制特别是供求机制的作用，在经济系统中进行传导，造成资源错配和国民经济整体运行的扭曲，最终表现为总产出损失、供给过剩与供给不足同时并存的结构失衡、产业结构高级化困难、经济质量不高等经济现象，它是我国当前诸多矛盾的体制根源。消除行政性垄断，有利于解决宏观经济中的深层次矛盾，使经济运行进入良性轨道；消除行政性垄断，是社会文明进步的必然和历史车轮前进的方向；消除行政性垄断，也将为我国经济再赢得 10 年的宝贵高速增长期。繁荣与竞争之间具有密不可分的必然关系，繁荣来自竞争。

（5）改革的目标模式是：两手抓、两手硬，建立效率与安全并重的规范健康市场经济制度；改革的路径是：深化体制改革以消除行政性垄断基础，同步构建安全体系以防范化解风险，最后全面开放市场。这将完成中国市场化改革，为国家的长治久安、民族的长期繁荣打下制度基础，提供持久保障。

8.2 规范社会各项基础制度，防止以扭曲治理扭曲

从行政性垄断产生发展的历史过程、行政性垄断的作用机理，以及治理行政性垄断的对策分析全过程之中，一点启示自然浮现而出：一个社会中基础制度的规范性尤为重要，要防止以扭曲治理扭曲的情况。

（1）当存在行政性垄断这一扭曲的基础制度时，市场机制无法正常发挥作用，此时市场机制作用的结果是导致资源配置的扭曲。

（2）在出现上述情况时，应当理顺基础制度，为市场机制

正常发挥作用创造条件。但如果我们没有洞察到症结根源出自扭曲的基础制度，而误以为是"市场失灵"，或者我们不愿触及这些深层次体制，抑或是其他什么原因，我们没有去纠正基础制度，而是在扭曲的基础制度之外又增加一个别的政策措施加以对冲，比如强化政府管制，则是"以扭曲治理扭曲"。从表象上看似乎措施有效，但实则只是暂时掩盖了矛盾，经济系统变得更加扭曲，内在机制更为杂乱，潜在矛盾增加。

（3）在上述以扭曲治理扭曲的情况下，由于症结根源没有消除，经济运行无可避免地将再度出现问题。一旦出现这种情况，极易引起管理当局两种截然相反的判断：一种认为市场机制也不是那么有效，于是倾向强化政府管控；一种认为政府干预多了，市场发挥作用不到位。此时，如果首先撤除用于对冲扭曲基础制度的扭曲政策，减少政府干预，虽然社会经济系统中的扭曲实际减少了，但从表象上看，经济运行变得更加糟糕。

（4）正确的做法是：从本源入手，从基础制度着手，首先理顺基础制度，而后再撤除各项对冲性措施。规范社会各项基础制度，对市场经济来说尤为重要。

8.3　简易，是大自然传授给我们的重要方法

易，也就是"变"；简易，也就是化简。

"人治"与"自然治"是两种不同的思路和方法。当遇到问题时，"人治"思路是通过增加人的主观作为加以解决，因而往往向社会经济系统注入新的政策变量；"自然治"思路是通过减少人的主观干预使经济社会恢复到自然状态加以解决，

因而倾向于减少人为因素对经济运行的扰动。"人治"思维通过增加政策措施来治理问题的做法，只会使问题更加复杂化，众多政策主体在各个环节的参与，导致相互作用的机制极其复杂，分不清是哪个环节出的什么问题，无助于问题解决。"自然治"思维与"人治"思维相反，它的化繁为简的做法，减少了人为干预，避免了多重政策叠加，使问题简单明了，回归自然本源，更容易简便透彻地观测和解决。

结 束 语

　　1992年初,邓小平视察武昌、深圳、珠海、上海等地,重申解放思想、实事求是的思想路线,提出了"计划多一点还是市场多一点,不是社会主义与资本主义的本质区别。计划经济不等于社会主义,资本主义也有计划;市场经济不等于资本主义,社会主义也有市场。计划和市场都是经济手段"的著名论断。[①] 市场经济作为一种资源配置方式,可以为任何社会制度、任何国家服务,不带有社会制度或者国别属性。我们破除行政性垄断,完善市场经济体制,正是为了更好地服务于我国的社会制度,服务于国家利益和中华民族的繁荣复兴。

　　破除行政性垄断对经济和社会发展的桎梏,建立全国统一、开放、竞争、有序的大市场,开展广泛、公正、平等、自由的竞争,为生产力的发展,为经济的增长和社会的进步扫除障碍,并为之提供制度保证,已成为当代中国社会经济发展的大趋势。繁荣来自竞争这一结论,不管它多么不符合垄断者狭隘的小团体利益,多么不符合他们自私的偏见,却反映了社会经济发展的客观规律,反映了当今中国所处时代的要求。

---

　　① 《邓小平文选》第三卷,人民出版社1993年版,第373页。

让充分、平等的竞争制度在中国这片古老的土地上开花结果，引导中国走向繁荣和文明吧！

作　者
2018年5月于北京

参考文献

[1] 顾海良:《新编经济思想史·序卷:概论》,经济科学出版社2016年版。

[2] 马涛:《新编经济思想史·第一卷:中外早期经济思想的发展》,经济科学出版社2016年版。

[3] 姚开建、杨玉生:《新编经济思想史·第二卷:古典政治经济学的产生》,经济科学出版社2016年版。

[4] 颜鹏飞、陈银娥:《新编经济思想史·第三卷:从李嘉图到边际革命时期经济思想的发展》,经济科学出版社2016年版。

[5] 张雷声:《新编经济思想史·第四卷:马克思恩格斯经济思想的形成及在世纪之交的发展》,经济科学出版社2016年版。

[6] 杨玉生:《新编经济思想史·第五卷:20世纪上半叶西方经济思想的发展》,经济科学出版社2016年版。

[7] 邹进文:《新编经济思想史·第六卷:中国近代经济思想的发展》,经济科学出版社2016年版。

[8] 王志伟:《新编经济思想史·第七卷:第二次世界大战后西方经济思想的发展》,经济科学出版社2016年版。

[9] 顾海良:《新编经济思想史·第八卷:十月革命以来国外马克思主义经济学的发展》,经济科学出版社2016年版。

[10] 颜鹏飞:《新编经济思想史·第九卷:20世纪末21世纪初西

方经济思想的发展》,经济科学出版社2016年版。

[11] 赵晓雷:《新编经济思想史·第十卷:中国现代经济思想的发展》,经济科学出版社2016年版。

[12]《布阿吉尔贝尔选集》,商务印书馆1984年版。

[13] 布坎南:《自由、市场与国家》,上海三联书店、上海人民出版社1989年版。

[14] 陈共:《财政学》,中国人民大学出版社2012年版。

[15]《邓小平文选》,人民出版社1993年版。

[16]《魁奈经济著作选集》,商务印书馆1979年版。

[17] 高培勇:《中国税费改革问题研究》,经济科学出版社2004年版。

[18] 高鸿业、吴易风:《研究生用西方经济学》,经济科学出版社1997年版。

[19] 老子:《道德经》。

[20]《李文忠公全集·奏稿》,国学大师网/影印古籍 http://www.guoxuedashi.com/guji/1638c/:

[21]《列宁选集》,人民出版社2012年版。

[22] 刘瑞:《国民经济管理学概论(第二版)》,中国人民大学出版社2009年版。

[23] 楼继伟:《中国政府间财政关系再思考》,中国财政经济出版社2013年版。

[24] 路德维希·艾哈德:《来自竞争的繁荣》,商务印书馆1983年版。

[25] 马克思、恩格斯:《共产党宣言》,人民出版社2014年版。

[26]《马克思恩格斯选集》,人民出版社2012年版。

[27] 马克思:《哥达纲领批判》,人民出版社1965年版。

[28]《毛泽东选集》,人民出版社1977年版。

[29] 戚聿东:《中国经济运行中的垄断与竞争》,人民出版社2004

年版。

[30] 任东来、陈伟、白雪峰:《美国宪政历程:影响美国的25个司法大案》,中国法制出版社2004年版。

[31]《孙中山全集》,中华书局1981~1986年版。

[32] 习近平:《决胜全面建成小康社会 夺取新时代中国特色社会主义伟大胜利——在中国共产党第十九次全国代表大会上的报告,2017年10月18日》,人民出版社2017年版。

[33] 项怀诚:《中国财政50年》,中国财政经济出版社1999年版。

[34] 许毅、沈经农:《经济大辞典·财政卷》,上海辞书出版社1987年版。

[35] 亚当·斯密:《道德情操论》,蒋自强等译,商务印书馆1997年版。

[36] 亚当·斯密:《国富论》,杨敬年译,陕西人民出版社2001年版。

[37] 杨兰品:《中国行政垄断问题研究》,经济科学出版社2006年版。

[38] 杨志:《资本论选读》,中国人民大学出版社2011年版。

[39] 于长革:《新常态下财政稳增长的逻辑》,经济科学出版社2015年版。

[40] 张弘力、矫正中:《常用财经词汇简释》,经济管理出版社2001年版。

[41] 张连生:《星推荐 一本涂书 政治》,天津人民出版社2017年版。

[42]《张之洞全集》,武汉出版社2008年版。

[43] 赵靖:《中国经济思想通史续集:中国近代经济思想史》,北京大学出版社2004年版。

[44]《中共中央关于全面深化改革若干重大问题的决定》,人民出版社2013年版。

[45] 周海燕：《财政与金融》，中国水利水电出版社 2012 年版。

[46] 蔡昉、王德文、王美艳：《渐进式改革过程中的地区专业化趋势》，载于《经济研究》2002 年第 9 期。

[47] 陈丰：《论我国行政垄断的成因及对策思路》，载于《华东理工大学学报》2003 年第 4 期。

[48] 陈林、罗莉娅、康妮：《行政垄断与要素价格扭曲——基于中国工业全行业数据与内生性视角的实证检验》，载于《中国工业经济》2016 年第 1 期。

[49] 陈林、朱卫平：《中国地区性行政垄断与区域经济绩效——基于工具变量法的实证研究》，载于《经济社会体制比较》2012 年第 4 期。

[50] 陈抗、Hillman、顾清扬：《财政集权与地方政府行为变化》，载于《经济学（季刊）》2002 年第 2 – 1 期。

[51] 邓启惠：《我国市场经济中的垄断与反垄断问题研究》，载于《经济评论》1998 年第 1 期。

[52] 傅志华：《国外地方税收制度及其借鉴》，载于《预算管理与会计》1996 年第 2 期。

[53] 侯风云、伊淑彪：《行政垄断与行业收入差距的传导机制》，载于《贵州财经学院学报》2008 年第 1 期。

[54] 姜琪：《行政垄断如何影响中国的经济增长？——基于细分视角的动态分析框架》，载于《经济评论》2015 年第 1 期。

[55] 姜付秀、余晖：《我国行政性垄断的危害——市场势力效应和收入分配效应的实证研究》，载于《中国工业经济》2007 年第 10 期。

[56] 靳继东：《财政政治学的缘起、发展与问题》，载于《中国管理信息化》2015 年第 4 期。

[57] 靳来群、林金忠、丁诗诗：《行政垄断对所有制差异所致资源错配的影响》，载于《中国工业经济》2015 年第 4 期。

[58] 蓝庆新：《行政垄断的新制度经济学分析》，载于《山西财政税务专科学校学报》2004 年第 6 期。

[59] 林毅夫、刘志强：《中国的财政分权与经济增长》，载于《北京大学学报（哲学社会科学版）》2000年第4期。

[60] 陆铭、陈钊、严冀：《收益递增、发展战略与区域经济分割》，载于《经济研究》2004年第1期。

[61] 潘胜文：《典型垄断行业职工收入状况分析及对策》，载于《经济问题探索》2009年第1期。

[62] 邱兆祥、刘浩、安世友：《行政垄断影响我国银行业市场结构的机理分析》，载于《金融研究》2015年第2期。

[63] 石淑华：《试论我国财政分权改革的"非协调性"与地方性行政垄断的形成》，载于《福建论坛（人文社会科学版）》2007年第9期。

[64] 田友春：《中国分行业资本存量估算1990~2014年》，载于《数量经济技术经济研究》2016年第6期。

[65] 王常雄：《财政体制缺陷与地区性行政垄断研究》，载于《市场论坛》2009年第10期。

[66] 王永钦、张晏、陈钊、陆铭：《中国的大国发展道路——论分权式改革的得失》，载于《经济研究》2007年第1期。

[67] 问清泓：《行政性垄断之定义研究》，载于《理论月刊》2004年第6期。

[68] 杨一琛：《美国的行政垄断管制与我国相关制度反思》，载于《中共郑州市委党校学报》2008年第6期。

[69] 于良春、王涛：《垄断对行业间收入差距影响的实证研究》，载于《东岳论丛·经济研究》2014年第8期。

[70] 于良春、余东华：《中国地区性行政垄断程度的测度研究》，载于《经济研究》2009年第2期。

[71] 于良春、张伟：《中国行业性行政垄断的强度与效率损失研究》，载于《经济研究》2010年第3期。

[72] 张淑芳：《行政垄断的成因分析及法律对策》，载于《法学研究》1999年第4期。

[73] 张卫国、任燕燕、花小安：《地方政府投资行为、地区性行政垄断与经济增长——基于转型期中国省级面板数据的分析》，载于《经济研究》2011年第8期。

[74] 郑鹏程：《论行政垄断的概念与特征》，载于《山西师大学报（社科版）》2000年第2期。

[75] 钟真真、向波：《浅析地方行政性垄断的成因及解决对策——兼论中央与地方的关系》，载于《探索》2003年第6期。

[76] 周黎安：《晋升博弈中政府官员的激励与合作——兼论我国地方保护主义和重复建设问题长期存在的原因》，载于《经济研究》2004年第6期。

[77] 刘宇、郭秀娟：《板蓝根屡登黑榜背后：地方保护主义起作用企业违法成本低》，载于《北京商报》2017年2月21日。

[78]《两巨头成品油价内外有别：出口打九折 国内想提价》，载于《第一财经日报》2010年5月4日。

[79] 王贺娟：《论行政垄断的反垄断法规制》，山东大学2010年版。

[80] 黄佩华：《中国省级支出考察报告》，世界银行工作论文2003年版。

[81] 林毅夫、刘明兴：《地方保护和市场分割：从发展战略的角度考察》，北京大学中国经济研究中心，讨论稿No.2004015.

[82] 丁启军：《自然垄断行业行政垄断微观效率损失研究》，引自：于良春：《反行政性垄断与促进竞争政策前沿问题研究》，经济科学出版社2008年版。

[83] 段国旭、成军、朱云飞、马洪范、梁季：《推进我国非税收入规范化管理研究》，引自：齐守印、王朝才：《非税收入规范化管理研究》，经济科学出版社2009年版。

[84] 姜付秀、余晖：《我国行政垄断的危害》，引自：于良春：《反行政性垄断与促进竞争政策前沿问题研究》，经济科学出版社2008年版。

[85] 齐守印、王朝才：《前言》，引自：齐守印、王朝才：《非税收入规范化管理研究》，经济科学出版社 2009 年版。

[86] 王保树：《论反垄断法对行政垄断的规制》，引自：王晓晔：《反垄断法与市场经济》，法律出版社 1998 年版。

[87] 王俊豪、王建明：《中国垄断性产业的行政垄断及其管制政策》，引自：于良春：《反行政性垄断与促进竞争政策前沿问题研究》，经济科学出版社 2008 年版。

[88] 汪贵浦：《产业间工资收入不平等及相关因素：兼论行政性垄断的影响》，引自：于良春：《反行政性垄断与促进竞争政策前沿问题研究》，经济科学出版社 2008 年版。

[89] 于良春：《反行政性垄断与竞争政策的若干思考》，引自：于良春：《反行政性垄断与促进竞争政策前沿问题研究》，经济科学出版社 2008 年版。

[90] 张瑞萍：《关于行政垄断的若干思考》，引自：王晓晔：《反垄断法与市场经济》，法律出版社 1998 年版。

[91] 赵全厚、马洪范：《政府非税收入管理：国际经验与中国选择》，引自：齐守印、王朝才：《非税收入规范化管理研究》，经济科学出版社 2009 年版。

[92] 白景明：《让各类经济主体享受公平的税收制度待遇》，凤凰网/凤凰网财经/财经滚动新闻/http：//finance.ifeng.com/a/20131114/11077345_0.shtml，2013 年。

[93] 白景明：《深化经济体制改革的背景、地位及目标——十八届三中全会精神解读》，宣讲家网/报告/文稿/政治，2013 年。

[94] 和讯网．朱镕基：《铁腕调控金融政策》，和讯网/新闻/时事要闻/改革简史 1984~1992http：//news.hexun.com/2008-07-12/107387734.html.

[95]《科学引领财政新常态》，中国财经首页/财经/滚动新闻http：//finance.china.com.cn/roll/20150714/3229287.shtml，转自中国财

经报，2015 年 7 月 14 日。

［96］刘尚希：《财政转型要与国家治理改革相匹配》，新浪财经/会议讲座/第十六届北大光华新年论坛 http：//finance. sina. com. cn/hy/20141221/145321127798. shtml，2014 年。

［97］Anwar Shah. Local Governance in Developing Countries ［M］. World Bank Publications，2006.

［98］Harvey S. Rosen，Ted Gayer. Public Finance（Eighth Edition）［M］. Beijing：Qinghua University Press，2008.

［99］Barry R. Weingast. Second Generation Fiscal Federalism：Implications for Decentralized Democratic Governance and Economic Development ［R］. Working Paper，Department of Political Science，Stanford University，2006.

［100］Anwar Shah. A Comparative Institutional Framework for Responsive，Responsible，and Accountable Local Governance ［EB/OL］. http：//siteresources. worldbank. org/INTWBIGOVANTCOR/Resources/A Comparative Institutional Framework. pdf.